HUNGARIAN-ENGLISH
ENGLISH-HUNGARIAN

DICTIONARY & PHRASEBOOK

Judit Hajnal Ward

D1364705

HIPPOCRENE BOOKS, INC.
New York

For information, address:
HIPPOCRENE BOOKS, INC.
171 Madison Avenue
New York, NY 10016
www.hippocrenebooks.com

Library of Congress Cataloging-in-Publication Data

Ward, Judit Hajnal.
  Hungarian-English/English-Hungarian dictionary &
phrasebook / Judit Hajnal Ward.
        p. cm.
    ISBN-10: 0-7818-0919-3
    ISBN-13: 978-0-7818-0919-1
    1. English language--Dictionaries--Hungarian.
2. Hungarian Language--Dictionaries--English. 3. English
language--Conversation and phrase books--Hungarian.
I. Title.

PH2640 .W37 2002
494'511321--dc21

                                        200203887

Printed in the United States of America.

To the memory of Virginia Ward

I am particularly grateful to
Sylvia Csűrös-Clark for her help in the
preparation of this book.

CONTENTS

Introduction:
The Hungarian Language

Hungarian or Magyar is the official language of the Republic of Hungary. The country is situated in the Carpathian Basin, and it is surrounded by countries and peoples whose languages and cultures are very different from Hungarian. A large number of native Hungarian speakers live in neighboring countries, such as Romania and the former Yugoslavia. There are also millions of Hungarians living in Western Europe, and overseas, mainly in the United States. The total number of native speakers is about 15 million, making Hungarian the fiftieth most commonly spoken language in the world.

Hungarian is not related to any of the Germanic, Romance or Slavic languages as it is not a part of the Indo-European language family. Instead, it is related to **Finnish** and **Estonian,** forming the **Finno-Ugric** subgroup of the **Uralic language family.** However, over the centuries Hungarian has become very different from its cognate languages. Native speakers would be unable to understand any of the related languages without having studied them first. Several languages influenced the Hungarian language in the past centuries: Latin, Turkish, Slavic, German, just to mention a few. Yet loan words from these languages are hard to detect in present-day Hungarian. English tends to have an influence on the language nowadays. You will find many (British) English speakers in Hungary today, but everyone will appreciate it if you try to speak Hungarian. Hungarians are aware of the fact that this language is a real challenge to learn and speak!

PRONUNCIATION GUIDE

	Description	Example
g	Always as in go, never as in gem	gáz (gas)
p	Always as in lip, never as in peas	pénz (money)
t	Always as in sit, never as in tal	tíz (ten)
k	Always as in kick, never as in kiss	kettő (two)
r	With the tip of the tongue, like a Scottish r	három (three)
j, ly	Both pronounced as y like yes	jó (good) gulyás (goulash)
gy	One sound pronounced like due	egy (one)
ty	One sound pronounced like at your	tyúk (hen)
ny	Like the ni in onion	nyolc (eight)
c	Like the ts in rats	cica (cat)
cs	Like ch as in check	csók (kiss)
s	Always like sh as in ship	só (salt)
sz	Like a regular English s as in see	szép (nice)
zs	Like the s in pleasure	zseb (pocket)
a	Like u in mutt	hat (six)
á	Like a in father	három (three)
e	Like e in bed	kettő (two)
é	Like ay in bay, but tongue and lips don't move	hét (seven)
i	A short i as in mitt	nyit (open)
í	A long ee as in meet	víz (water)
o	Like a short aw in saw	bor (wine)
ó	Like a long o in know, but tongue and lips don't move	hó (snow)
u	A short oo as in foot	utca (street)
ú	A long oo as in food	húsz (twenty)
ö	A short ur as in fur, without the r	öt (five)

ő	A long **ir** as in b**ir**d, without the **r**, German schön	**nő** (woman)
ü	Like German **ü** and French **u** as in dé**bu**t. English speakers,say **i**, with round lips.	**üveg** (bottle)
ű	A longer version of **ü**	**tűz** (fire)

*__b, d, f, h, m, n, v, z__ are pronounced the same as they are in English

*There are no diphthongs in Hungarian.

*It is very important to use the appropriate marks. A word might change meanings dramatically depending on its mark, and where it lands e.g. **kerek** (round) – **kerék** (wheel) – **kérek** (I want).

*Double consonants are drawn out in their pronunciation. In consonant clusters, like **gy**, **ny**, **ty**, **sz**, etc., only the first letter of the cluster is doubled (**ssz**, **ggy**, etc.)

The main **stress**—regardless of vowel length—always falls on the first syllable. The secondary stress is usually on odd-numbered (first, third, fifth, etc.) syllables. If both the third and the fourth syllables are short, secondary stress is optional. Words of foreign origin have Hungarian stress patterns: *__Berlin, Bologna, Párizs__* etc.

Intonation in Hungarian is characterized by a steady fall from the beginning to the end of the sentence. This rule applies to **declarative sentences,** as well as **questions** containing question words (wh-questions):

Ez az Aranyvirág szálloda. – with falling intonation.
(This is the Golden Flower Hotel.)

In **yes-no questions,** which can be answered by either *igen (yes)* or *nem (no)*, the pitch rises from the beginning of the sentence, it usually reaches its peak on the penultimate (next to last) syllable, and falls sharply on the last syllable:

Ez az Aranyvirág szálloda? – with rising intonation, the peak is next to the last syllable.
(Is this the Golden Flower Hotel?)

From the point of view of intonation, the last three syllables are decisive. Therefore, the intonation indicated by the line above can be found only in questions having at least three syllables:

Magyar vagy? (Are you Hungarian?)

In such sentences, the pitch is at its highest point on the penultimate syllable.

Word order in Hungarian is free. This freedom, however, does not mean that speakers can juxtapose words as they please; it simply means that word order in Hungarian does not primarily have a grammatical function, as for example in English. Speakers (writers) can, to a certain extent, put the focus on the part of the sentence that they regard as important, and accordingly decide on the order of words and phrases.

Hungarian has **two main word order rules**, from which all the other rules follow:

a) **Normal word order.** Hungarian is basically an SOV language, which means that the preferred word order is **subject-object-verb (predicate)**, the most important part being the predicate. In a neutral sentence objects and adverbials precede verbal predicates; pre-modifiers precede their heads:
*A német turista **térképet vesz**.* (The German tourist is buying a map.)

b) **Focal word order**. A particular part of the sentence can carry emphasis, being put into **focus position**, i.e. directly before the predicate. The order of the other constituents is not fixed, they can be placed at the beginning of the sentence, or after the predicate, at the end of the sentence:

*A **német turista vesz** térképet. ~ Térképet **a német turista vesz**.*

(It is the German tourist who is buying a map.)

(SOURCE: Hungarolingua Grammatica by László Keresztes. Debrecen, Hungary, Hungarian language teaching series of the Debrecen Summer University)

THE HUNGARIAN ALPHABET

Hungarian Letter	Pronounced in Hungarian
a	a
á	á
b	bé
c	cé
cs	csé
d	dé
dz	dzé
dzs	dzsé
e	e
é	é
f	eff
g	gé
gy	gyé
h	há
i	i
í	í
j	jé
k	ká
l	ell
ly	elipszilon
m	emm
n	enn
ny	enny
o	o
ó	ó
ö	ö
ő	ő
p	pé
r	err
s	ess
sz	essz

t	té
ty	tyé
u	u
ú	ú
ü	ü
ű	ű
v	vé
z	zé
zs	zsé

Basic Hungarian Grammar

Articles

1. Definite Article

The definite article (the) is always *a* before a word beginning with a consonant, and *az*, before a vowel: *a szálloda* (the hotel), *az étterem* (the restaurant).

2. Indefinite Article

The indefinite article is always *egy*, the same as the word for the number one: *egy szálloda* (a hotel), *egy étterem* (a restaurant).

Endings and Vowel Harmony

In Hungarian, different meanings may be expressed by adding a variety of endings to the root word. For example, instead of using a preposition (in, at, etc.,) a suffix is added to the end of a noun. For example, adding *-ban* (in) to the end of the root word *ház* (house) forms the prepositional phrase *a házban* (in the house). Similarly, by taking the word *él* (live) and adding the personal ending *-ek* will express "I live."

Many different suffixes are added to verbs and other parts of speech to express a variety of meaning. The choice of a suffix depends on the vowels contained in the root word. This rule is referred to as "vowel harmony." If the root word has *u, o, a, ú, ó, á* (back vowels) one should use an ending with one of these vowels in it and if the root has *e, i, ü, ö, é, í, ű, ő* (front vowels), then the ending must contain one of these vowels.

Nouns

Nouns in Hungarian can take a wide variety of endings to express the plural, the object of the sentence, the place, or its possession. For example, *repülő* (plane), *repülők* (planes), *repülőt* (plane as the object of the sentence), *repülőn* (on board a plane), *repülővel* (by plane), *repülőhöz* (to the plane), *repülőtől* (from the plane), *repülőm* (my plane), etc.

The plural is formed by adding a **-k** to the end of the word. For example, adding **-k** to *fiú* (boy) becomes *fiúk* (boys). If the noun ends in a consonant a linking vowel is used before the **-k** to make pronunciation easier. The rule of vowel harmony applies. For example, *asztal* (table) - *asztalok* (tables), *jegy* (ticket) - *jegyek* (tickets), *bőrönd* (suitcase) - *bőröndök* (suitcases).

Note: The plural is NOT used after numbers, e.g. *négy személy* (four persons), *ötszáz forint* (five hundred forints), and after words denoting quantity, e.g. *sok* (many), *kevés* (few), *néhány* (some).

The object of the sentence is the noun, pronoun or clause the action expressed by the verb refers to. It is always marked with the ending of **-t** in Hungarian, e.g. *Látom Pétert.* (I see Peter). If the noun ends in a consonant, a linking vowel is used before the **-t** similar to the linking vowel used for the plural ending, but not always, e.g. *látom* (I see) ~ *az asztalt* (the table), *a jegyet* (the ticket), *a bőröndöt* (the suitcase). If the object is in the plural the endings **-at** or **-et** are attached to the **-k**. The rule of vowel harmony applies, e.g. *látom* (I see), *az asztalokat* (the tables), *a jegyeket* (the tickets), *a bőröndöket* (the suitcases).

Case endings are attached to the noun to express different meanings. In English, these meanings are expressed by prepositions (in, at, with, etc). Most endings have two or three forms, in accordance with the rule of vowel harmony. Many endings have abstract meanings as well. The most

important endings are as follows:
EXAMPLES:

ház (house)	**szekrény** (dresser)	**bőrönd** (suitcase)
Prep.	*Case Ending*	
in	*-ban, -ben*	
házban	szekrényben	bőröndben
(in the house)	(in the dresser)	(in the suitcase)
into	*-ba, -be*	
házba	szekrénybe	bőröndbe
(into the house)	(to the dresser)	(into the suitcase)
out of, from	*-ból, -ból*	
házból	szekrényből	bőröndből
(out of the house)	(out of the dresser)	(out of the suitcase)
on	*-n, -on, -en,-ön*	
házon	szekrényen	bőröndön
(on the house)	(on the dresser)	(on the suitcase)
on, onto	*-ra, -re*	
házra	szekrényre	bőröndre
(onto the house)	(onto the dresser)	(onto the suitcase)
off, from, about	*-ról, -ről*	
házról	szekrényről	bőröndről
(off the house)	(off the dresser)	(off the suitcase)
at, by	*-nál, -nél*	
háznál	szekrénynél	bőröndnél
(at the house)	(by the dresser)	(at/by the suitcase)
to	*-hoz, -hez, -höz*	
házhoz	szekrényhez	bőröndhöz
(to the house)	(to the dresser)	(to the suitcase)

Prep.	Case Ending	
from	*-tól, -től*	
háztól	szekrénytől	bőröndtől
(from the house)	(from the dresser)	(from the suitcase)
for, to	*-nak, -nek*	
háznak	szekrénynek	bőröndnek
(for the suitcase)	(for the dresser)	(for the house)
as far as, until, to *-ig*		
házig	szekrényig	bőröndig
(as far as the house)	(as far as the dresser)	(as far as the suitcase)
with, by	*-val, -vel*	
házzal	szekrénnyel	bőrönddel
(with the house)	(with the dresser)	(with the suitcase)

Certain endings are modified by the last consonant of the noun, the first consonant of the ending is dropped and the last consonant of the noun is doubled. For instance, in the case of the ending *-val/-vel* (with) *fiú* (boy) becomes *a fiúval* (with the boy), whereas *rokon* (relative) becomes *egy rokonnal* (with a relative).

Indicating the **possessive** is also done by changing case endings. E.g. *az autóm* (my car), *a feleséged* (your wife), *a barátnője* (his girlfriend), *a szüleim* (my parents), *a barátaink* (our friends).

Possessive suffixes referring to singular possession indicate the person and number of the possessor. The suffixes are attached to the word denoting the thing possessed.

The table below lists possible possessive forms referring to singular possession. Vowel harmony applies, third person forms have a wide variety.

autó (car)	lány (daughter)
autóm (my car)	lányom (my daughter)
autód (your car)	lányod (your daughter)
autója (his, her car)	lánya (his, her daughter)
autónk (our car)	lányunk (our daughter)
autótok (your car)	lányotok (your daughter)
autójuk (their car)	lányuk (their daughter)

kert (garden)	bőrönd (suitcase)
kertem (my garden)	bőröndöm (my suitcase)
kerted (your garden)	bőröndöd (your suitcase)
kertje (his, her garden)	bőröndje (his, her suitcase)
kertünk (our garden)	bőröndünk (our suitcase)
kertetek (your garden)	bőröndötök (your suitcase)
kertjük (their garden)	bőröndjük (their suitcase)

There are special forms for the plural possessive. The -k plural ending can be used only without meaning possession, e.g. *rokon* (relative), *rokonok* (relatives). Compare *rokonom* (my relative), *rokonunk* (our relative), *rokonaim* (my relatives), *rokonaink* (our relatives). The possessive form of the plural suffix is *-i/-ai/-ei, -jai/-jei;* it is followed by possessive suffixes referring to the person and number of the possessor.

rokonok (relatives)	gyerekek (children)
rokonaim (my relatives)	gyerekeim (my children)
rokonaid (your relatives)	gyerekeid (your children)
rokonai (his, her relatives)	gyerekei (his, her children)
rokonaink (our relatives)	gyerekeink (our children)
rokonaitok (your relatives)	gyerekeitek (your children)
rokonaik (their relatives)	gyerekeik (their children)

The possessive forms can be followed by many other endings.

> *Nem ismerem a lányodat.* I don't know your daughter.
> *A férjemmel együtt érkeztem.* I arrived together with my husband.
> *A rokonaimhoz megyek.* I am going to my relatives.
> *A gyerekeimnek keresek ajándékot.* I am looking for gifts for my children.

Adjectives

Adjectives usually describe some characteristics (color, size, quality, etc.). If they are used descriptively before the noun they take no endings even if the noun has one, e.g. *szép ország* (beautiful country) or *finom ételek* (delicious dishes). The adjectives must be pluralized when they are used after a plural noun, e.g. *A magyar tudósok híresek.* (Hungarian scientists are famous). Adjectives are not capitalized, even the names of nationalities, e.g. *angol* (English).

You can use adjectives in comparisons, e.g. *Budapest /nem/ olyan **nagy**, mint Bécs.* (Budapest is /not/ as big as Vienna). The comparative ending **-bb** is used with a linking vowel, e.g. *nagyobb* (bigger), in comparisons like *Bécs nagyobb, mint Budapest.* (Vienna is bigger than Budapest). If you add the prefix **leg-** to the comparative, you will get the superlative: *a **legnagyobb*** (the biggest), always preceded by the definite article *a* (the).

Some often used irregular forms are:

szép	szebb	legszebb
(beautiful)	(more beautiful)	(most beautiful)
kicsi	kisebb	legkisebb
(small)	(smaller)	(smallest)
sok	több	legtöbb
(many/much, a lot)	(more)	(most)
kevés	kevesebb	legkevesebb
(few)	(fewer)	(fewest)

Adverbs

Adverbs are more widely used than in English and are formed usually from adjectives by means of the endings -**n**, -**an**, -**en**, e.g. *olcsó* (inexpensive) - *Olcsón vettem.* (I bought it cheap) *gyors* (fast) - *Ne menjen olyan gyorsan!* (Don't drive so fast). Vowel harmony applies. Comparatives and superlatives are formed similarly to adjectives, e.g. *gyorsabban* (faster).

Pronouns

Personal Pronouns

There is no grammatical gender in Hungarian, so you will not find different forms for he and she. However, pronouns will vary according to cases. For example, *én* (I), *engem* (me), *nekem* (for me), *velem* (with me), *hozzám* (to me), *nálam* (at my place), *tőlem* (from me). Ön and önök are the polite forms of address, singular and plural, respectively, the meaning are "you" and "you all", however, verbs are used in the third person form after them.

The most important forms of personal pronouns are:

én	engem	nekem	velem
(I)	(me)	(to me)	(with me)
te/ön	téged/önt	neked/önnek	veled
(you)	(you)	(to you)	(with you)
ő	őt	neki	vele
(he/she)	(him/her)	(to him/her)	(with him/her)
mi	minket	nekünk	velünk
(we)	(us)	(to us)	(with us)
ti/önök	titeket/önöket	nektek/önöknek	veletek
(you)	(you)	(to you)	(with you)
ők	őket	nekik	velük
(they)	(them)	(to them)	(with them)

Possessive Pronouns

They are used when the thing possessed has already been
mentioned or if its obvious from the context, e.g. *Kié ez a
bőrönd?* (Whose is this suitcase?) *Az enyém.* (It's mine.)
In the second person, *öné* or *magáé* (yours - singluar) and
önöké or *maguké* (yours - plural) are also used. For
example, *A magáé ez a kulcs?* (Is this key yours?) The
ending **-é** functions as the 's in English.

enyém	(mine)
tied	(yours - informal, singular)
öné	(yours – formal, singular)
magáé	(yours – formal, singular)
övé	(his, hers)
miénk	(ours)
tiétek	(yours – informal, plural)
önöké	(yours- formal, plural)
maguké	(yours- formal, plural)
övék	(theirs)

Demonstrative Pronouns

ez (this)	az (that)
ezek (these)	azok (those)

They are used similarly to English. When the singular
forms *ez* and *az* take an ending, the final **-z** is dropped and
the first consonant of the suffix is doubled.

ez + ben = ebben	az + ban = abban
(in this)	(in that)
ez + be = ebbe	az + ba = abba
(into this)	(into that)
ez + ből = ebből	az + ból = abból
(out of this)	(out of that)
ez + re = erre	az + ra = arra
(onto this, this way)	(onto that, that way)

ez + ről = erről   az + ról = arról
  (from this, from)   (from that, from that way)
ez + hez = ehhez   az + hoz = ahhoz
  (to this)   (to that)
ez + nél = ennél   az + nál = annál
  (at this, by this)   (at that, by that)
ez + től = ettől   az + tól = attól
  (from this)   (from that)
ez + nek = ennek   az + nak = annak
  (for this)   (for that)
ez + vel = ezzel   az + val = azzal
  (with this)   (with that)

Interrogative Pronouns

Interrogative pronouns (question words) can take on
plural forms. Unlike English, there is no special
(inverted) word order after them. The most important
words are:

Ki/Kik   who *(sg./pl.)*
Ki az a férfi? (Who is that man?)
Kik azok a férfiak? (Who are those men?)

Mi/Mik   what *(sg./pl.)*
Mi ez? (What's this?)
Mik ezek? (What are these?)

Kit/Kiket   whom *(sg./pl.)*
Kit keres? (Who are you looking for?)
  – looking for one person
Kiket keres? (Who are you looking for?)
  – looking for several persons

Mit/Miket   what (as object of the sentence) *(sg./pl.)*
Mit keres? (What are you looking for?)
  – looking for one thing
Miket keres? (What are you looking for?)
  – looking for several things

Hol   where
Hol van a szálloda? (Where is the hotel?)

Hová   where to
Hová megy ez a busz? (Where is this bus going?)

Honnan   where from
Honnan jöttek? (Where are you from?)

Mikor   when
Mikor indul a vonat? (When does the train leave?)

Milyen   what kind
Milyen italt kérsz? (What kind of drink do you want?)

Melyik   which
Melyik a legjobb étterem? (Which is the best restaurant?)

Hány   how many
Hány kilométer Debrecen? (How many kilometers is it
   from here to Debrecen?)

Mennyi   how much
Mennyi ez a cipő? (How much are these shoes?)

Verbs

Hungarian verbs take endings usually added to the third
person singular (he/she) form to express different mean-
ings. For example, personal endings identify the person
you are talking about, both in singular and plural, e.g.
beszélek (I speak), *beszélsz* (you speak), *beszélünk* (we
speak), etc.

The ending **-t/-tt** means that the action took place in the
past, (similar to English -ed), personal endings are added
after this ending. Instead of the second person (you)

informal form, you may want to use the third person forms to be polite when addressing a stranger.

Conditional forms, (e.g. I would) use **-na/-ne** after the root of the verb and before the personal ending, e.g. *szeret* (like) *szeretnék* (I would like), *szeretnénk* (we would like). Many endings, e.g. **-j** denoting the imperative, assimilate to the preceding consonant. There are some verbal particles added before or after the verb that change its meaning slightly or completely. Most of them express the direction of the action, e.g. *be* (into), *ki* (out), *fel* (up), *le* (down), etc, however they can mean that the action is completed, e.g. *Eszem.* (I am eating.) but *Megeszem.* (I am eating it all.)

There are three tenses (present, past and future) with two conjugations in each: indefinite and definite conjugations.

Indefinite conjugation is used when:

* There is no object in the sentence:

   Tanulok. (I am studying.)
   Debrecenben élek. (I live in Debrecen.)
   A tanteremben ülök. (I am sitting in the classroom.)

* There is an indefinite object in the sentence:

   Egy könyvet olvasok. (I am reading a book.)
   Könyveket olvasok. (I am reading some books.)

* Interrogatives *Kit? Mit? Kiket? Miket?* (who, what etc.) are used to ask questions about the object of the sentence:

   Kit látsz? (Whom do you see?)
   Mit tanulsz? (What are you studying?)

- The verb is intransitive usually implying movement or condition:

> *Az iskolába megyek.* (I am going to school.)
> *Esik.* (It's raining.)

Definite conjugation is used when there is a definite object in the sentence.

The object is definite if:

- It's a proper noun denoting individuals, or geographical locations:

> *Esztert látom.* (I see Esther.)
> *Szeretem Magyarországot.* (I like Hungary.)
> *A Hungarolinguát olvasom.* (I am reading the book "Hungarolingua.")

- It is preceded by a definite article *a, az*:

> *A magyar könyvet olvasom.* (I am reading the Hungarian book.)
> *Látjuk a lányokat.* (We see the girls.)

- It is the demonstrative pronoun *ez, az, ezeket, azokat*:

> *Azt kérem.* (I want that.)
> *Ezeket megveszem.* (I am buying these.)

- It is preceded by the demonstrative pronoun *ez, az, ezeket, azokat*:

> *Ezt a könyvet olvasom.* (I am reading this book.)
> *Azokat a könyveket látom.* (I see those books.)

- It's the third person object pronoun *őt, őket,* or the polite form of you *Önt, Önöket*:

> *Őt látom.* (I see him.)
> *Ismerem őket.* (I know them.)

*Bemutatom **Önt** Kovács úrnak.* (Let me introduce you to Mr. Kovács.)
*Meghívom **Önöket** egy italra.* (I am inviting you for a drink.)

Suffixes of both conjugations vary according to vowel harmony.

Present Tense

<u>INDEFINITE CONJUGATION</u>

	TANUL *(study)*	BESZÉL *(speak)*	ÜL *(sit)*
<u>ÉN (I)</u>	tanul-**ok** (I study)	beszél-**ek** (I speak)	ül-**ök** (I sit)
<u>TE (you)</u>	tanul-**sz** (you study)	beszél-**sz** (you speak)	ül-**sz** (you sit)
<u>Ő (he, she)</u>	tanul (he, she studies)	beszél (he, she speaks)	ül (he, she sits)
<u>MI (we)</u>	tanul-**unk** (we study)	beszél-**ünk** (we speak)	ül-**ünk** (we sit)
<u>TI (you)</u>	tanul-**tok** (you study)	beszél-**tek** (you speak)	ül-**tök** (you sit)
<u>ŐK (they)</u>	tanul-**nak** (they study)	beszél-**nek** (they speak)	ül-**nek** (they sit)

DEFINITE CONJUGATION

	TANUL *(study)*	BESZÉL *(speak)*	KÖSZÖN *(thank)*
ÉN (I)	tanul-**om** (I study)	beszél-**em** (I speak)	köszön-**öm** (I thank)
TE (you)	tanul-**od** (you study)	beszél-**ed** (you speak)	köszön-**öd** (you thank)
Ő (he, she)	tanul-**ja** (he, she studies)	beszél-**i** (he, she speaks)	köszön-**i** (he, she thanks)
MI (we)	tanul-**juk** (we study)	beszél-**jük** (we speak)	köszön-**jük** (we thank)
TI (you)	tanul-**játok** (you study)	beszél-**itek** (you speak)	köszön-**itek** (you thank)
ŐK (they)	tanul-**ják** (they study)	beszél-**ik** (they speak)	köszön-**ik** (they thank)

Personal pronouns (I, you, he, etc.) are used only for emphasis, since the subject is known from the ending of the verb: *Olvasok.* (I am reading). *Én olvasok.* (**I** am reading).

Past Tense

The ending of the past tense -t or -tt is added to the stem, followed by the personal endings. There are many exceptions.

INDEFINITE CONJUGATION

	TANUL *(study)*	BESZÉL *(speak)*	ÜL *(sit)*
ÉN (I)	tanul-**tam** (I studied)	beszél-**tem** (I spoke)	ül-**tem** (I sat)

TE (you)	tanul-**tál** (you studied)	beszél-**tél** (you spoke)	ül-**tél** (you sat)
Ő (he, she)	tanul-**t** (he, she studied)	beszél-**t** (he, she spoke)	ül-**t** (he, she sat)
MI (we)	tanul-**tunk** (we studied)	beszél-**tünk** (we spoke)	ül-**tünk** (we sat)
TI (you)	tanul-**tatok** (you studied)	beszél-**tetek** (you spoke)	ül-**tetek** (you sat)
ŐK (they)	tanul-**tak** (they studied)	beszél-**tek** (they spoke)	ül-**tek** (they sat)

DEFINITE CONJUGATION

	TANUL *(study)*	BESZÉL *(speak)*	KÖSZÖN *(thank)*
ÉN (I)	tanul-**tam** (I studied)	beszél-**tem** (I spoke)	köszön-**tem** (I thanked)
TE (you)	tanul-**tad** (you studied)	beszél-**ted** (you spoke)	köszön-**ted** (you thanked)
Ő (he she)	tanul-**ta** (he, she studied)	beszél-**te** (he, she spoke)	köszön-**te** (he, she thanked)
MI (we)	tanul-**tuk** (we studied)	beszél-**tük** (we spoke)	köszön-**tük** (we thanked)
TI (you)	tanul-**tátok** (you studied)	beszél-**tétek** (you spoke)	köszön-**tétek** (you thanked)
ŐK (they)	tanul-**ták** (they studied)	beszél-**ték** (they spoke)	köszön-**ték** (they thanked)

Future Tense

You can use present tense verb forms with time expressions to speak about the future, e.g. *Holnap korán elmegyünk.* (We are leaving early tomorrow). The future form consists of the present tense form of the auxiliary verb *fog* and the infinitive (e.g. to do in English) of the verb formed with the ending *-ni*.

<u>INDEFINITE CONJUGATION</u>

	TANUL (study)	BESZÉL (speak)	ÜL (sit)
<u>ÉN (I)</u>	tanul**ni** **fog**ok (I will study)	beszélni fogok (I will speak)	ülni fogok (I will sit)
<u>TE (you)</u>	tanulni fogsz (you will study)	beszélni fogsz (you will speak)	ülni fogsz (you will sit)
<u>Ő (he she)</u>	tanulni fog (he, she will study)	beszélni fog (he, she will speak)	ülni fog (he, she will sit)
<u>MI (we)</u>	tanulni fogunk (we will study)	beszélni fogunk (we will speak)	ülni fogunk (we will sit)
<u>TI (you)</u>	tanulni fogtok (you will study)	beszélni fogtok (you will speak)	ülni fogtok (you will sit)
<u>ŐK (they)</u>	tanulni fognak (they will study)	beszélni fognak (they will speak)	ülni fognak (they will sit)

	TANUL (study)	BESZÉL (speak)	KÖSZÖN (thank)
ÉN (I)	tanulni fogom (I will study)	beszélni fogom (I will speak)	köszönni fogom (I will thank)
TE (you)	tanulni fogod (you will study)	beszélni fogod (you will speak)	köszönni fogod (you will thank)
Ő (he she)	tanulni fogja (he, she will study)	beszélni fogja (he, she will speak)	köszönni fogja (he, she will thank)
MI (we)	tanulni fogjuk (we will study)	beszélni fogjuk (we will speak)	köszönni fogjuk (we will thank)
TI (you)	tanulni fogjátok (you will thank)	beszélni fogjátok (you will speak)	köszönni fogjátok (you will study)
ŐK (they)	tanulni fogják (they will thank)	beszélni fogják (they will speak)	köszönni fogják (they will study)

Forms of the Verb *to be*

The verb *to be* (lenni) is irregular. Different roots express the present, past and future tenses of the verb. It only has indefinite conjugational forms. In sentences the third person forms *van* and *vannak* are omitted: *A férjem magyar*. (My husband is Hungarian). However, they should be used to answer questions that use where? when? or how? *A feleségem az étteremben van*. (My wife is in the restaurant).

	Present	*Past*	*Future*
	van (is)	**volt** (was, were)	**lesz** (will be)
ÉN (I)	vagyok (I am)	voltam (I was)	leszek (I will be)
TE (you)	vagy (you are)	voltál (you were)	leszel (you will be)
Ő (he, she)	van (he, she, it is)	volt (he, she, it was)	lesz (he, she, it will be)
MI (we)	vagyunk (we are)	voltunk (we were)	leszünk (we will be)
TI (you)	vagytok (you are)	voltatok (you were)	lesztek (you will be)
ŐK (they)	vannak (they are)	voltak (they were)	lesznek (they will be)

The Verb *to have*

The verb *to have* has no direct grammatical equivalent in Hungarian. The idea of having or possessing something is expressed with the indirect object pronouns and third person forms of the verb *to be*: *van, volt, lesz*, e.g. *nekem van* (I have). The noun expressing the object of possession takes the appropriate possessive ending indicating the person of the possessor, e.g. *(Nekem) van cicám*. (I have a cat). The indirect object pronoun is mostly used for special emphasis, *Nekem van cicám*. (It's I who has a cat). The possessive ending: *Van cicám*. (I have a cat).

	Present	*Past*	*Future*
	van (**have**)	***volt*** (**had**)	***lesz*** (**will have**)
<u>ÉN (I)</u>	nekem van (I have)	nekem volt (I had)	nekem lesz (I will have)
TE (you)	neked van (you have)	neked volt (you had)	neked lesz (you will have)
Ő (he, she)	neki van (he, she, it has)	neki volt (he, she, it had)	neki lesz (he, she, it will have)
MI (we)	nekünk van (we have)	nekünk volt (we had)	nekünk lesz (we will have)
TI (you)	nektek van (you have)	nektek volt (you had)	nektek lesz (you will have)
ŐK (they)	nekik van (they have)	nekik volt (they had)	nekik lesz (they will have)

If the noun denoting the object of possession is in the plural, the verb should also be pluralized, e.g. *Nekem vannak cicáim.* (I have cats). *Nekünk voltak kutyáink is.* (We had dogs, too).

ABBREVIATIONS

adj.	= adjective
adv.	= adverb
def.	= definite
form.	= formal
inform	= informal
lit.	= literally
n.	= noun
obj.	= object
pl.	= plural
postp.	= postposition
prep.	= preposition
pron.	= pronoun
sg.	= singular
v.	= verb

HUNGARIAN-ENGLISH DICTIONARY

Verbs are in the third person, singular, present indefinite form (e.g. he does) in the dictionary. Please consult the grammar section for conjugations of verbs.

A, Á

a the
ablak window
ablaktörlő windshield wiper
ad give
adat data
adó *n.* tax
agy brain
ágynemű bed linen
ajak, ajkak lip(s)
ajándék gift
ajándékbolt souvenir store
ajándéktárgy souvenir
ajánlott levél registered mail
ajtó door
akar want
akkumulátor battery
    (of a car)
aláírás signature
alak *n.* shape
alatt *postp.* under
alja bottom
alkalom occasion
alkar lower arm
alkatrész *n.* part
áll *n.* chin; *v.* stand
állatkert zoo
allergia allergy
allergiás allergic

állkapocs jaw(s)
állomás station
alma apple
alsó állkapocs lower jaw
alszik *v.* sleep, is asleep
altató sleeping pill
amerikai American
amerikai foci football
ananász pineapple
angol English
angol-magyar szótár
    English-Hungarian
    dictionary
angol nyelvű English-
    speaking; English-
    language
angol nyelvű könyvek
    books in English
angolul in English
antibiotikum antibiotics
anyag material
április April
aprópénz small change
ár price; árcédula *n.*
    price tag
arany gold
aranyos cute
arc *n.* face; cheek(s)
arccsont cheek bone(s)
arcmasszázs facial massage

arcüreg (maxillary) sinus
árfolyam exchange rate
artéria artery
áruház department store
ásványvíz mineral water
aszpirin aspirin
asztal table
asztalitenisz table tennis
asztmás asthmatic
átmegy cross over
átszáll transfer
átszállójegy transfer ticket
augusztus August
autó car
autó alkatrészek car
    accessories
autóbusz bus
autóbusztérkép bus map
autómárka make (of car)
automata váltó automatic
    transmission
autós térkép road map
autószervíz full-service
    repair center
autót bérel v. rent a car
autóverseny car racing
az that; the
azok those
azonnal immediately

B

bab bean
babérlevél bay leaf
baj n. trouble
bajusz mustache
bal left; balra to the left
baleset accident
banán banana
bank bank
bankjegy banknote
barát friend, boyfriend
barátnő girlfriend

barlang cave
barna brown
barnacukor brown sugar
baromfi poultry
bársony velvet
baseball baseball
befejez v. finish
bejárat entrance
bejárati ajtó front door
bél, belek bowel(s)
belép enter
belépődíj admission fee
belépőjegy entrance fee (lit.
    entrance ticket)
bélyeg n. stamp
bemosás color rinse
bemutat introduce
benne van v. included
bent adv. inside
benzin gasoline
benzinkút gas station
beragadt v. jammed; stuck
bérel v. rent; autót bérel
    rent a car
beszél speak
beteg adj. ill; n. patient
betű letter
bevált v. cash; csekket
    bevált cash a check
bézs beige
bicikli bicycle
biztonságos safe (not
    dangerous)
biztosítás insurance;
    kötelező biztosítás
    liability (lit. mandatory
    insurance)
biztosíték fuse
bocsánat sorry
boka ankle
bolhapiac flea market
bolond idiot
bolt n. shop, store
bor wine

bőr leather; skin
borda rib
borkóstoló wine tasting
borozó wine cellar
borotva razor
borotvahab shaving foam
borotvakrém shaving cream
borotvál *v.* shave
borotválás *n.* shave
borotvapenge razor blade
bors black pepper
botanikus kert botanical garden
bross brooch
burgonya potato
busz bus
buszjegy bus ticket
buszmegálló bus stop
buta stupid
büntetés penalty, ticket

C

ceruza pencil
cigaretta cigarette
cím *n.* address
cipő shoe
cipőbolt shoe store
cipőfűző shoelaces
citrom lemon
citromlé lemon juice
comb thigh
cukor sugar
cukorbeteg diabetic
cukorbetegség diabetes
cukrászda pastry shop

CS

csak only
család family
családnév last name (*lit.* family name)

csap faucet
csapolt *adj.* draft
csavar *n.* screw
csekk *n.* check; csekket bevált cash a check
csempész smuggler
cseresznye cherry
csésze cup
csíkos striped
csinál *v.* do; make
csinos pretty, attractive
csipke *n.* lace
csípőcsont hip bone
csirke chicken
csizma boots
csók *n.* kiss
csokoládé chocolate
csokor bunch; egy csokor virág a bunch of flowers
csokornyakkendő bow tie
csomag luggage; package
csomagol *v.* wrap
csont bone
csoport *n.* group
csukló wrist
csúnya ugly
csütörtök Thursday

D

darab piece
december December
defekt flat tire
dekagramm decagram (weight measurement, approx 0.4 oz)
dél noon
délben at noon; south; délen in the south
délelőtt (before noon) morning

délután afternoon, in the afternoon
derék *n.* waist
desszert dessert
diák student
diákigazolvány student ID
diákjegy student ticket
diákkedvezmény discount for students
dió walnut
diplomata diplomat
dízel diesel fuel
doboz *n.* box, pack (of cigarettes)
dohány tobacco
dohánybolt tobacconist
dohányzás *n.* smoking;
  Tilos a dohányzás! No smoking.
dohányzásra kijelölt hely smoking area
dohányzik *v.* smoke
dohányzó *adj.* smoking;
  nemdohányzó *adj.* non-smoking
drága expensive
dugó cork
dugóhúzó corkscrew
dühös angry, mad
dzsem *n.* jam, marmalade

E, É

ebéd lunch
ebédel have lunch
ébresztőóra alarm clock
edény cooking/serving dish
édes sweet
edzőcipő sneakers
égési seb burn
egész *adj.* full; whole
egésznapos *adj.* full-day
egy one; a

egy éjszaka overnight (*lit.* one night)
egyágyas szoba single room
egyenesen *adv.* straight
Egyesült Államok United States
egyetem university
egyforintos *n.* one forint coin
egyik one (of two or many)
egyszer one time, once
egyszer használatos disposable
egyszínű *adj.* one color
együttes *n.* band (musical)
éhes hungry
éhgyomorra on an empty stomach
éjjel at night
éjjeliszekrény bedside table
éjszaka night; **Jó éjszakát!** Good night.
éjszakai mulató nightclub
ékszer jewelry
ékszerbolt jeweler's
elad sell
eladó for sale
eldugult *adj.* clogged
élelmiszerbolt deli, grocery store
elem battery (e.g. AA)
elesik fall down
elhagy *v.* lose
elismervény receipt
ellenőriz *v.* check
Elnézést! Excuse me.
előétel appetizer
előhívat develop (film)
elöl in the front
előtt before
elromlik go wrong
elromlott *adj.* broken
első first
első emelet second floor (*lit.* first floor)

első osztály *n.* first class
elsősegély first-aid; emergency
elsősegély csomag first aid kit
eltéved lose one's way
eltörik *v.* break
elvált *adj.* divorced
emlékmű monument
én I
engem me
enyém mine
épít build
éppen just
épül build
épület building
erdő forest
érez *v.* feel, sense
érint *v.* touch
érkezés arrival
érkezik arrive
ért understand
értékes valuable
értelmes intelligent, sensible
érzéstelenítés anesthesia
és and
és így tovább and so on
este *n.* evening; *adv.* in the evening
észak north
eszik eat
eszpresszó bar
étel food
étkezőkocsi buffet car
étlap menu
étterem restaurant
evés meal
evőeszköz silverware
ez this
ezek these
ezer thousand
ezres thousand forint banknote
ezüst silver

F

fagyasztó freezer
fagylalt ice cream
fahéjpor ground cinnamon
fáj *v.* hurt
fájdalom pain
fájdalomcsillapító painkiller
far buttocks
február February
fehér white
fehérít *v.* bleach (clothes)
fehérítő *n.* bleach
fehérnemű underwear
fej *n.* head
fejfájás headache
fejhallgató headphones
fék *n.* brakes
fekete black
féklámpa brake lights (*sg.*)
fél *v.* is scared; *n.* half
felad *v.* mail
felár extra fee
félédes semi-sweet
feleség wife
felfúj *v.* pump, blow air into
felhős cloudy
felirat *n.* notice
feliratos film subtitled movie
felkar upper arm
felmosó *n.* mop
félnapos *adj.* half-day
felnőtt *n.* adult
felnőttjegy adult ticket
félóra half an hour
felpróbál try on (clothes)
félszáraz semi-dry
fenék buttocks
fent at the top; up; above; upstairs
fénykép photo

fényképez take pictures
fényképezőgép camera
fényképezőgép szaküzlet
   camera store
fényszóró headlights (*sg.*)
férfi man
férfi fodrászat barbershop
férfi W.C. men's room
férfiak men
férfiruha men's clothes
férj husband
férjnél van *v.* married
   (woman)
fertőtlenítő kenőcs
   antiseptic ointment
fertőzés infection
festék *n.* dye; haircolor;
   paint
festmény painting
fésű *n.* comb
fia his/her son
figyelmeztetés *n.* warning
filmtekercs roll (of film)
finom delicious
fiók drawer
fiú boy
fizet *v.* pay
flanel flannel
fodrászat styling salon
fog *n.* tooth
fogamzásgátló
   contraceptive
fogas coat rack
fogászat dentist's office
fogfájás toothache
foglal *v.* book, reserve
foglalás reservation
foglalt *adj.* busy (phone
   signal); reserved
fogorvos dentist
fokhagyma garlic
folyó river
folyosó corridor

fordul *v.* turn; **jobbra**
   fordul turn right;
   balra fordul turn left
forgalom traffic
fotel armchair
fő *adj.* main
fő utca main street
főétel main dish
föld earth; ground; soil
földieper strawberry
földszint first floor (*lit.*
   ground floor)
fölött *postp.* over; above
főz *v.* cook
főtt *adj.* boiled
főzelék vegetable dish
   (with gravy)
francia French
franciaágy double bed
fullad choke; have difficulty
   breathing
fut run
futball soccer
fül ear
fülbevaló earrings
füldugó ear plugs
fürdik bathe; swim;
   Fürödni tilos! No
   swimming.
fürdőkád bathtub
fürdőköpeny bathrobe
fűszer spice
fűtés heating

G

garat pharynx
garázs garage
gázolaj diesel oil
gerinc spine
gesztenye chestnut
gomb button
gomba mushrooms

gomblyuk buttonhole
gondos careful
görcsoldó antispasmodic
grépfrút grapefruit
gulyás(leves) goulash (soup)
gumi rubber; tire

GY

gyalog by foot
gyalogtúra hiking
gyantázás *n*. wax(ing)
gyapjú wool
gyenge weak; feeble
gyerek child
gyermek child
gyermekjegy children's
    ticket
gyermekruha children's
    clothes
gyógyszer medicine
gyógyszertár pharmacy
gyógyvíz medicinal water
gyógyfürdő medicinal spa
gyomor stomach
gyomorégés heartburn
gyomorrontás upset
    stomach
gyors fast
gyorsvonat fast train
gyömbér ginger
gyufa matches
gyulladásgátló anti-
    inflammatory
gyümölcs fruit
gyümölcsíz jam, fruit spread
gyümölcslé juice

H

ha if
habár although

habfürdő bubble bath
hagyma onion
haj hair
hajadon single woman
hajmosás *n*. shampoo
    (service)
hajó boat; ship
hajszárító blow-dryer
hajvágás haircut
hal *n*. fish
halánték temple
halott dead
hamutál ashtray
hangverseny concert
hány? how many?
hány *v*. vomit
harap *v*. bite
harmadik third
harminc thirty
három three
háromszor three times
has abdomen, belly
hasfogó anti-diarrheal drug
hashajtó laxative
hasított bőr suede
hasmenés diarrhea
hasnyálmirigy pancreas
használ *v*. use
használt *adj*. secondhand
hasznos useful
haszontalan useless
hat six
hát *n*. back
hatodik sixth
határ border (of a country)
hátsó(rész) buttocks
hatvan sixty
hátul in the back
hazudik *v*. lie (tell untruth)
helyett *postp*. instead of
helyi local
helyi hívás local call
hely *n*. place

helyjegy seat reservation
(a ticket)
here testicle
hét week; seven
hetedik seventh
hetijegy weekly pass (for
transportation,
thermal bath)
hétfő Monday
hetven seventy
hiányzik v. missing
hibás defective
híd bridge
hideg adj. cold
hitelkártya credit card
hív v. call
hogyan? how?
hol? where?
holnap tomorrow
holnapután the day after
tomorrow
hólyag bladder
homlok forehead
hónalj armpit
hónap month
honnan? where from?
hordár porter
horpadás n. dent
hosszú adj. long
hová? where to?
hoz bring
Hölgyem! Ma'm. (to an
elderly or married
woman)
hőmérséklet temperature
hús meat
húsbolt butcher shop
hússzelet steak
húsvét Easter
húsz twenty
huszadik twentieth
huszas twenty forint coin
húz v. pull

hűtőszekrény fridge
hűtött refrigerated

I

ibolya violet
ide here (answering
where to?)
ideg nerve
idegen n. stranger
idegenvezető n. guide
idegennyelvű könyvesbolt
foreign language
bookstore
ideiglenes temporary
igen yes
illatszerbolt drugstore
illatszerek cosmetics
illik v. suit
ín tendon
index turn signal
indul v. leave, depart
indulás departure
ingyenes free of charge
intercity express train
internet kávéház internet
café
internetezik use the internet
intim betét sanitary napkins
irány direction
irodalom literature
iskola school
iszik v. drink
ital n. drink; beverage
itt here (answering where?)
izom muscle
ízület joint
izzó bulb

J

január January
játékbolt toy store

javít v. repair
javítás n. repair
jég ice
jégkrém ice cream bar
jegy ticket
jegyet vált buy a ticket
jó good, okay
Jó éjszakát kívánok! Good
night.
Jó estét kívánok! Good
evening.
Jó napot kívánok! Good
morning. Good
afternoon.
Jó reggelt kívánok! Good
morning. (early
morning)
jobb right; better
jobbra to the right
jogász lawyer
joghurt yogurt
jogosítvány driver's license
július July
június June

K

kalauz ticket collector
kanál spoon
kap v. get, receive
kapható available
kápolna chapel
kapor dill
káposzta cabbage
kar n. arm
karácsony Christmas
karambol car accident
karikagyűrű wedding
band (ring)
karkötő bracelet
karóra wristwatch
karton carton
katalógus catalog

katolikus Catholic
katona soldier
kávé coffee
kávéház coffee house, café
kedd Tuesday
kedvenc favorite
kék blue
kelet east
kell v. need
kemény hard
kemény tojás hard-boiled
eggs
keménydobozos adj. hard
box (cigarettes)
kempingezik v. camp
kenyér bread; egy szelet
kenyér a slice of bread
kenyérpirító toaster
kép picture
képeslap postcard
képzőművészeti galéria art
gallery
kerékpár bicycle;
kerékpárbolt bike
shop
keres v. look for; search
kereszteződés intersection
kerül v. cost
kés knife
később later
kész done, finished; ready
készpénz n. cash
készpénzautomata ATM,
cash machine
kesztyű gloves
két (before nouns) two
kétágyas szoba double room
kétforintos n. two forint coin
kettő two
kevés little, few
kevesebb less, fewer
kéz hand
kezdődik v. start

kezelési költség commission, service charge
kézifék emergency brake
kézitáska handbag
kézkenőcs hand cream
ki?/kik? who? (*sg./pl.*)
kiállítás exhibition
kiárusítás sale
kicserél v. exchange (an article); replace (a broken part)
kicsi little, small
kiégett *adj.* burnt out
kiejt pronounce
kihúz v. extract
kijárat n. exit
kikötő harbor
kilenc nine
kilencedik ninth
kilencven ninety
kilincs doorknob
kimosat have something washed
kint outside
kinyit unlock, open
kis small
király king
kirándulás trip (excursion)
Kisasszony! Miss. (to a young woman)
kistányér side plate (*lit.* small plate)
kiszolgál serve
kit?/kiket? whom? (*sg./pl.*)
kivesz v. take; rent
klasszikus classical
kockás *adj.* checked
kocsi car; compartment
kolbász sausage
koncert concert
koncertterem concert hall
konnektor socket
kontaktlencse contact lense

kontaktlencse folyadék contact lense liquid
konzervbontó can opener
konzulátus consulate
koponya skull
korábban earlier
kordbársony corduroy
kórház hospital
kormány government; steering wheel
kosárlabda basketball
kozmetikai vatta cotton balls
kozmetikus beautician
köhögés n. cough
köldök navel
költészet poetry
könyök n. elbow
könyv n. book
könyvelő accountant
könyvesbolt bookstore
könyvtár library
köret side dish
környék neighborhood
köröm fingernail
körömkefe nailbrush
körömlakk nail polish
körömlakklemosó nail polish remover
körte pear
körzetszám area code
köszön v. thank, greet
kötény apron
kötszer n. bandage
következő next
közben during
közel adv. close to, near
közelben near here, nearby
közgazdász economist
krumpli potato
kuka garbage can
kukorica sweet corn
kulcs key
kulcscsont collarbone
kúp suppository

kuplung clutch
kutya dog
kutyakiállítás dog show
küld send
külön extra, separate
küszöb threshold

L

láb leg; foot
lábfej foot
lábszár shin
lábujj(ak) toe(s)
lágy soft
lágy tojás soft-boiled eggs
lakás apartment
lakk *n.* hairspray
lámpa *n.* light, lamp
lánc *n.* chain
lány girl
lánya his/her daughter
lánykori név maiden name
lapocka shoulder blade
lassú *adj.* slow; lassan *adv.*
     slowly; lassabban *adv.*
     slower
lát see
látnivalók places of
     interest, sights
     (*lit.* things to see)
látszerész optician
láz fever
lázas feverish
lázcsillapító antipyretic
le down
leég get sunburnt
légcső windpipe
légiposta air mail
légipostával by airmail
légkondicionáló air
     conditioner
legközelebbi nearest

Legyen szíves! (*sg.*)
     Legyenek szívesek!
     (*pl.*) Will you
     please …
lehet possible; probable;
     allowed
lehoz bring down
leír write down
lemezbolt music store
lencse lentil
lent at the bottom
lépcső stairs
lepedő sheet
lerobban breakdown
leszáll get off
levág belőle *v.* trim
levegőszűrő air filter
levél letter
leves soup
levesestál soup bowl
levesestányér soup plate
lila purple
lóverseny horse race

M

ma today
macska cat
maga you (*sg. form.*)
magán *adj.* private
magánterület private
     property
magas tall
magával with you (*sg. form.*)
magyar Hungarian
Magyarország Hungary
máj liver
május May
mák poppy seed
málna raspberry
mandarin tangerine
mandula tonsil(s), almond
mandzsettagomb cuff links

manikür manicure
már already
már nem not any more,
    no longer
marad *v.* stay
március March
marhahús beef
másik another
második second
második emelet third floor
    (*lit.* second floor)
másodosztály second-class
matrica highway sticker
mazsola raisin
mecset mosque
medence swimming pool
még yet; more; still
még egyszer one more time,
    again
még mindig *adv.* still
még nem not yet
megáll *v.* stop
megfázás *n.* cold
meghalt (is) dead
meghív invite
megjavít *v.* fix; repair
meglátogat *v.* visit
megrándul *v.* sprain
meggy sour cherry
megy go
méh uterus; bee
meleg warm, hot
mell breast
mellbimbó nipple
mellék extension
mellény *n.* vest
mellett *postp.* next to; near
mellkas chest
melltartó bra
mély deep
melyik? which?
mentolos menthol
mentőautó ambulance (car)
mentők ambulance
mennyi? how much?

méret *n.* size
mérföld mile
mérgező poisonous
mérnök engineer
merre? which direction?
mert because
messze *adv.* far
metróállomás metro station
méz honey
mi we
mi/mik? what? (*sg./ pl.*)
miénk ours
mikor? when?
mikrohullámú sütő
    microwave oven
milyen? what kind?
mindig always
minél hamarabb as soon
    as possible
minket us
mint as; like; than
minta pattern
mit/miket? what? (as object
    of sentence; *sg./pl.*)
móló pier
mond say
mosás (doing) laundry
mosdó bathroom, toilet
mosdókagyló washbasin,
    sink
mosoda Laundromat
mosogatógép dishwasher
mosószer detergent
most now
motor engine
mozgássérült disabled
mozi movie theater
mozog move
mögött *postp.* behind
mustár mustard
mutat *v.* show
múzeum museum
műanyag plastic
műfogsor denture

műtét surgery
művészet art

N

nadrágtartó suspenders
nagy big
nagybácsi uncle
nagykövetség embassy
nagynéni aunt
nagyobb bigger
nagyszerű great
nagyszülő grandparent
nap day; sun
napoolaj sunblock (lotion)
narancs *n.* orange
narancslé orange juice
narancssárga orange (color)
négy four
negyedik fourth
negyven forty
néhány a few
nehéz difficult, hard; heavy
neked to you
   nekem to me
   neki to her/him
   nekik to them
   nektek to you
   nekünk to us
nem no; not; sex, gender
nem működik out of order
nemdohányzó non-smoking
német German
nemzeti ünnep national
   holiday
nemzetközi international
nemzetközi hívás
   international call
népművészet folk arts
népművészeti bolt folk
   art store
népszerű popular
néptánc folk dance
népzene folk music

név name
néz *v.* see
nincs there is not; we don't
   have any
Nincs mit. No problem.
november November
nő woman
női ruha women's clothes
női W.C. ladies' room
nős married (man)
nőtlen single (man)
nővér *n.* nurse; sister
nulla zero

NY

nyak neck
nyakkendő *n.* tie
nyaklánc necklace
nyelőcső esophagus
nyelv tongue; language
nyilvános telefon payphone
nyit *v.* open
nyitva *adj.* open
nyolc eight
nyolcadik eighth
nyolcvan eighty
nyomtat *v.* print
nyomtató printer
nyugat west
nyugdíjas senior citizen
nyugdíjasjegy senior citizen
   ticket
nyugdíjaskedvezmény
   senior citizen discount
nyugtató tranquilizer

O, Ó

oda there (answering *hova?*
   where to)
oktán octane

oktober October
olaj oil
olajcsere oil change
olajnyomás oil pressure
olcsó cheap; inexpensive
oldal side
oldalszakáll sideburn
ólommentes unleaded
    (gasoline)
olvas read
operaház opera theater
óra hour
orr nose
ország country; ország
    hívószám country
    code
orvos doctor
ott there; over there
    (answering *hol?*
    where)

Ö, Ő

ő he; she
öblít *v.* flush
öblítő fabric softener
ők they
őket them
öltöny *n.* men's suit
öltöző locker room
ön/önök you (*sg./pl. form.*)
öngyújtó *n.* lighter
önkiszolgáló self-service
őszibarack peach
összeg amount
őt her; him
öt five
ötezres five thousand forint
    banknote
ötödik fifth
ötszáz five hundred forint
    banknote
ötven fifty

ötvenes fifty forint coin
öv *n.* belt
övcsat belt buckle
övé hers, his
övék theirs

P

pajzsmirigy thyroid gland
pakolás *n.* facial pack
pálinka Hungarian fruit
    brandy
pályaudvar railway station
pamut cotton
panasz complaint
papír - írószer stationery,
    stationery store
papírzsebkendő tissue
paprika Hungarian pepper
papucs slippers
pár pair
paradicsom tomato
park *n.* park
parkol *v.* park (a car)
parkoló parking lot
párna pillow
párnahuzat pillowcase
patak brook
patika pharmacy
pedikür pedicure
pékség bakery
péntek Friday
pénz money
pénzt vált *v.* exchange
    money
pénztár *n.* check out; ticket
    office
pénztárca wallet
pepita houndstooth
pettyes polka dots
pezsgő champagne
piac outdoor market
pincér waiter

pipadohány pipe tobacco
pirítós (kenyér) *n.* toast
    (bread)
piros red
pirospaprika red pepper
piszkos filthy; dirty
pizsama pajamas
poggyász baggage
pohár glass
por powder
posta *n.* mail; post office
postaláda mailbox
pótdíj extra charge
pörkölt beef or pork stew
    with paprika
probléma problem
Protestant protestáns
puha soft
pulyka turkey

R

radír eraser
rántott *adj.* breaded
rántotta scrambled eggs
R-beszélgetés collect call
recept recipe; prescription;
    recept nélküli over-
    the-counter
    (medication)
reggel *n.* (early) morning;
    adv. in the morning
reggeli breakfast
régi old
régiségbolt antique shop
rendben all right
rendel *v.* order
rendelő outpatient clinic;
    doctor's office
rendőr policeman
rendőrség police
repülőtér airport
részeg *adj.* drunk

ribizli red currants
rizs rice
rokon relative
rom *n.* ruin
rossz bad
rovar insect; bug
rovarcsípés insect bite
rózsaszín pink
röntgen X-ray
rövid short
rövidnadrág shorts
ruha dress; clothes
ruházat clothing

S

sajt cheese
sál scarf
saláta lettuce; salad
salátaecet vinegar
sampon *n.* shampoo
sárga yellow
sárga angyal emergency
    road side service
    (*lit.* yellow angel)
sárgabarack apricot
sárgadinnye cantaloupe
sárgarépa carrot
sarok *n.* heel; corner
savközömbösítő antacid
sebész surgeon
segélykérő telefon
    emergency phone
segít *v.* help
Segítség! *n.* Help!
selyem silk
semmi nothing
seprű broom
sertéshús pork
sérült *n.* injured
sétahajó cruise, sightseeing
    boat
siet *v.* hurry

sikerül manage, succeed
sima plain; regular
sípcsont shin
síremlék tomb
só salt; sós salty
sóhajt v. sigh
sok a lot; many; much
sonka ham
sor line n. (queue)
sorszám ordinal number
sovány thin, skinny
sör beer
sörbontó bottle opener
sötét dark
spanyol Spanish
spárga asparagus
spenót spinach
sport sport
sportszerbolt sporting
    goods store
süket deaf
sült *adj.* fried
sült hús fried meat;
    grilled meat
sürgős urgent
sütemény cake; cookie;
    pastry
sütő oven
sütőpor baking powder

SZ

szabad *v.* may; *adj.* free
szabad szoba vacancy (*lit.*
    free room)
szabadság vacation
száj mouth
szakácskönyv cookbook
szakáll beard
szalámi salami
szálloda hotel
szalvéta napkin
szám number

számítógép computer
számla *n.* bill; receipt
számol *v.* count
száraz *adj.* dry
szárítás *n.* blow-dry
szárító dryer
szárnyas poultry
szatén satin
száz hundred
százas *n.* one hundred forint
    banknote
szédül *v.* dizzy
szegény poor
szegycsont breastbone
szégyellős shy
székesegyház cathedral
szél wind
szelet (kenyér) slice (of
    bread)
szeletelt *adj.* sliced
szélvédő windshield
szem *n.* eye
szemben *postp.* across from
személy person
személyvonat slow train
szemhéj eyelid(s)
szemöldök eyebrow
szempilla eyelashes
szemüveg eyeglasses
szemüvegkeret eyeglass
    frame
szendvics sandwich
szép beautiful
szeptember September
szerda Wednesday
szeret *v.* like; love
szervíz service station
szilva plum
szilveszter New Year's Eve
szín *n.* color
színház theatre
szintetikus synthetic
szív *n.* heart
szivar cigar

szívbeteg *adj.* has a heart condition
Szívesen. You are welcome.
szívesség *n.* favor
szoba room
szobapincér room service waiter
szobaszolgálat room service
szobor statue, sculpture
szódavíz seltzer
szolgáltatások services
szombat Saturday
szomjas thirsty
szoros *adj.* tight
szótár dictionary
szőkít *v.* bleach (hair)
szökőkút fountain
szőlő grapes
szőr hair (on the body)
szörp syrup, soft drink
szülő parent
szürke gray

T

tábla *n.* sign
tájékoztató information
takaró blanket
talál find
találkozik meet
talált tárgyak (osztálya) lost & found
talp sole
tanár teacher
tányér plate
tart *v.* last
tartós hullám permanent wave (hair)
távirányító remote control
távirat telegram
távolsági hívás long distance call
taxi taxi

te you (*sg.*)
tea tea
téged you (answering whom?; *sg.*)
tegnap yesterday
tegnapelőtt the day before yesterday
tej milk
tejföl sour cream
tejszínhab whipped cream
tejtermék dairy product
tele full
telefon *n.* telephone
telefonál *v.* phone
telefonhívás phone call
telefonkönyv phone book
temető cemetery
templom church
tengerentúli hívás overseas call
tengeri hal saltwater fish
tér *n.* square
térd knee
térdkalács kneecap
terhes pregnant
térkép map
termálfürdő medicinal bath
termálvíz medicinal water
tessék here you are
tessék? (with rising intonation) What's that?
test body
testápoló body lotion
teteje *n.* top
tévé television
tévedés mistake
ti you (*pl.*)
tied yours (*sg. inform.*)
tiétek yours (*pl. inform.*)
tilos forbidden, prohibited
tisztít dry-clean
tíz ten
tizedik tenth

tizenegy eleven
tizenhárom thirteen
tizenhat sixteen
tizenhét seventeen
tizenkettő twelve
tizenkilenc nineteen
tizennégy fourteen
tizenöt fifteen
tizennyolc eighteen
tizes *n.* ten forint coin
tízezres ten thousand forint
   banknote
tó lake
tol *v.* push
tolat back up, reverse
toll pen
tolmács interpreter;
   translator
torok throat
torokfájás sore throat
torta cake
továbbmegy go on
több more; several
töltött káposzta stuffed
   cabbage
töltött paprika stuffed
   pepper
tömés *n.* filling
törékeny fragile
történelem history
törülköző towel
törülközőtartó towel rack
törvény law
törzs trunk
tudós scientist
tulajdon property
túra *n.* tour
turista tourist
turistaház hostel
turista térkép tourist map
túró farmer's cheese
tüdő lungs
tükör *n.* mirror

tűzriadó fire alarm
tűzoltóság fire department

U, Ú

uborka cucumber; pickles
új new
újra again
újság newspaper
újságíró journalist
újságosbolt newsstand
unokatestvér cousin
Uram! Sir.
úszás swimming
úszik swim
uszoda swimming pool
út road
után *postp.* after
utazás *n.* trip; journey;
   travel
utazási csekk traveler's
   check
utazási iroda tourist office
utazik *v.* travel
utca street
útikönyv guidebook
útlevél passport
útlevélvizsgálat passport
   control
utolsó last
utónév first name (*lit.* last
   name)

Ü, Ű

üdítő soda, soft drink
ül sit
ünnep holiday
üt *v.* hit
üveg bottle
üveges *adj.* bottled

üzlet business
üzletember businessman

V

vacsora *n.* dinner, supper
vacsorázik *v.* have dinner
vág *v.* cut
vágány track, platform
   (*lit.* rail)
vaj butter
vakbél appendix
vakbélgyulladás
   appendicitis
vaku *n.* flash
valaki someone
valami something
váll shoulder
vallás religion
vállfa clothes hanger
vámárunyilatkozat
   customs declaration
vám customs; duty
vámtisztviselő customs
   officer
vámvizsgálat customs check
vár castle
vár wait
város city; town
városközpont city center
városnézés sightseeing tour
várostérkép city map
varr sew
vasal *v.* iron
vasaló *n.* iron
vásárlás *n.* shopping
vasárnap Sunday
vásárol buy; do shopping;
   purchase
vastag thick
vasútállomás train station
vászon linen
vége *n.* end

vegetariánus vegetarian
végkiárusítás clearance
végtagok extremities
vékony thin
vele with him/her
   veled with you (*sg.*)
   velem with me
   veletek with you (*pl.*)
   velük with them
   velünk with us
véna vein
vendéglő restaurant
vér blood
vércsoport blood type
vérzik bleed
vese kidney
vesz *n.* buy; purchase
veszély danger
veszélyes dangerous
vészkijárat emergency exit
vevőszolgálat customer
   service
vezető manager
vicces funny
vidám park amusement
   park
vidék countryside; area
vidéki provincial
videokamera camcorder
vigyáz beware; take care;
   watch out
világít *v.* light
világos *adj.* light
világos sör lager
villa fork
villamos tram (streetcar)
villamosmegálló tram
   (streetcar) stop
villamossági electrical
virág flower, plant
virágbolt flower store
virsli frankfurter, hot dog
visz carry; take
Viszontlátásra! Goodbye.

vissza *adv.* back
visszahoz *v.* return
visszaigazolás confirmation
vitamin vitamin
viteldíj transportation fee
vitorlázás sailing
vívás fencing
víz water
vízhajtó *n.* diuretic
vízilabda water polo
vonal *n.* line
vonat train
vontat *v.* tow
vödör bucket
vörös red

W

W.C. washroom; bathroom;
  Női W.C. ladies' room;
  Férfi W.C. men's room
W.C. papír toilet tissue

Z

zakó jacket
zár *v.* close
zárva *adj.* closed
zeller celery
zene music
zokni sock
zöld green
zöld paprika Hungarian
  bell pepper
zöldbab string beans
zöldborsó green peas
zöldség vegetable
zöldségbolt vegetable
  market
zöldségköret boiled
  vegetables (as
  garnish)
zuhany *n.* shower
zsemle *n.* roll
zsidó Jewish
zsinagóga synagogue

ENGLISH-HUNGARIAN DICTIONARY

Verbs are in the third person, singular, present indefinite form (e.g. he does) in the dictionary. Please consult the grammar section for conjugations of verbs.

A

a(n) egy
abdomen has
about -ról, -ről
above fölött, felett
accident baleset
accident (car) karambol
accommodation szállás
accountant könyvelő
address cím
admission fee belépődíj
adult felnőtt
after *postp.* után
afternoon; in the afternoon délután
again újra, még egyszer
age kor, életkor
air levegő
air conditioner légkondicionáló
airmail légiposta
airplane repülőgép
airport repülőtér
alarm clock ébresztőóra
allergic allergiás
allergy allergia
alright rendben
although habár
always mindig

ambulance mentőautó
American amerikai
amount *n.* összeg
and és; **and so on** és így tovább
anesthesia érzéstelenítés
ankle boka
another másik
antacid savközömbösítő
antibiotics antibiotikum
anti-diarrhea medication hasfogó
anti-inflammatory gyulladásgátló
antipyretic lázcsillapító
antique shop régiségbolt
antiseptic fertőtlenítő
antispasmodic görcsoldó
apartment lakás
appendicitis vakbélgyulladás
appendix vakbél
appetizer előétel
apple alma
apricot sárgabarack
April április
apron kötény
area code körzetszám
arm kar
armchair fotel

armpit hónalj
arrival érkezés
arrive érkezik
art művészet
art gallery képzőművészeti
   galéria
artery artéria
as mint, mivel; **as far as** -ig;
   as soon as possible
   minél hamarabb
ashtray hamutál
ask kérdez
asleep alszik
asparagus spárga
aspirin aszpirin
asthmatic asztmás
at -nál, -nél; **at noon** délben;
   at the bottom lent; **at**
   the top fent
ATM (cash machine)
   készpénzautomata
August augusztus
aunt nagynéni
automatic transmission
   automata váltó
available kapható

B

back *adv.* vissza; *n.* hát
bad rossz
bag táska, zacskó
baggage poggyász
bakery pékség
banana banán
band *n.* (musical) együttes
bandage kötszer
bank bank
banknote bankjegy
barbershop férfi fodrászat
baseball baseball
basketball kosárlabda
bathrobe fürdőköpeny

bathroom mosdó,
   fürdőszoba
bathroom scale mérleg
bathtub fürdőkád
battery elem; (for a car)
   akkumulátor
bean bab
beard szakáll
beautician kozmetikus
beautiful szép
because mert
bed ágy; **double bed**
   franciaágy
bed linen ágynemű
beef marhahús
beer sör
before *postp.* előtt
begin kezd, kezdődik
beige bézs
below alul, alatt, lent
belt öv
beverage ital
beware vigyáz
bicycle kerékpár, bicikli
big nagy
bike store kerékpárbolt
bill *n.* számla
bite *v.* harap
black fekete
blanket takaró
bleach *n.* fehérítő; *v.* szőkít,
   fehérít
bleed vérzik
blind vak
blond szőke
blood vér
blood type vércsoport
blood vessel vérér
blow-dry *n.* szárítás
blow-dryer hajszárító
blue kék
boat hajó
body test
body lotion testápoló

boiled *adj.* főtt
boiled eggs (hard) kemény
  tojás; (soft) lágy tojás
boiled vegetables (garnish)
  zöldségköret
bone csont
book *n.* könyv; *v.* foglal
books in English angol
  nyelvű könyvek
bookstore könyvesbolt
boot csizma
border (of a country) határ
botanical garden botanikus
  kert
bottle *n.* üveg; **bottled** *adj.*
  üveges
bottle-opener sörbontó
bottom alja
bowtie csokornyakkendő
boy fiú
boyfriend barát
bra melltartó
bracelet karkötő
brain agy
brake *n.* fék
brake light féklámpa
bread kenyér; **breaded** *adj.*
  rántott
break *v.* eltörik; *n.* szünet
breakfast reggeli
breast mell, emlő
breastbone szegycsont
bridge híd
bring hoz
broken *adj.* elromlott
brooch bross
brook patak
broom seprű
brother fiútestvér
brown *adj.* barna
brown sugar barnacukor
bubble bath habfürdő
bucket vödör
buffet car étkezőkocsi

bug bite rovarcsípés
build épül, épít
building épület
bulb izzó
burn égési seb; **burnt out**
  adj. kiégett
bus (autó)busz
bus map autóbusztérkép
bus stop buszmegálló
bus ticket buszjegy
business üzlet
businessman üzletember
busy (phone) foglalt;
  (person) nem ér rá
butcher's húsbolt, hentes
butter vaj
buttocks fenék, far,
  hátsó(rész)
button gomb
buy *v.* vásárol, vesz
buy tickets jegyet vált
by -nál, -nél, -val, -vel, által;
  by airmail légipostával

C

cabbage káposzta
café kávéház, kávézó
cake sütemény
call *v.* hív
camcorder videokamera
camera fényképezőgép
camera store fényképezőgép
  szaküzlet
car autó, kocsi, gépjármű
car accessories autó
  alkatrészek
car rental autókölcsönzés
careful gondos
carrot sárgarépa
carry visz
carton karton

cash *n.* készpénz; *v.* beváltani
castle vár
cat macska
catalog katalógus
cathedral székesegyház
Catholic church katolikus
   templom
cave barlang
celery zeller
cemetery temető
chain *n.* lánc
chair szék
champagne pezsgő
change *n.* aprópénz
chapel kápolna
cheap olcsó
check *n.* csekk; *v.* ellenőriz;
   checked *adj.* kockás
check E-mail megnézni az
   emailt
check-in *v.* bejelentkezik
check-out *v.* kijelentkezik;
   n. pénztár
cheek(s) arc, orca
Cheers! (toast)
   Egészségére!
   Egészségedre!
   Egészségükre!
   Egészségünkre!
cheese sajt
cherry cseresznye
chest mellkas
chestnut gesztenye
chicken csirke
child gyerek
children's clothes
   gyermekruha
chin áll(csúcs)
chocolate csokoládé
Christmas Karácsony
church templom
cigar szivar
cigarette cigaretta
cigarette lighter öngyújtó

cinema mozi, filmszínház
cinnamon fahéjpor
city városközpont
city center városközpont
city map várostérkép
classical klasszikus
clean *v.* tisztít, takarít; *adj.*
   tiszta
clearance végkiárusítás
clock óra
clogged *adj.* eldugult
close *v.* zár; **closed** *adj.* zárva
close to közel
clothes ruházat
cloudy felhős
clutch kuplung
coat kabát
coat rack fogas
coffee kávé
coins aprópénz
cold *adj.* hideg; *n.* megfázás
cold cuts felvágott
collarbone kulcscsont
collect call R-beszélgetés
color *n.* szín
comb *n.* fésű
compact disc (CD) cédé
complaint panasz
computer számítógép
concert hangverseny
concert hall koncertterem
confirmation visszaigazolás
consulate konzulátus
contact lens kontaktlencse
contact lens solution
   kontaktlencse folyadék
contraceptive fogamzásgátló
cook *v.* főz
cookbook szakácskönyv
corduroy kordbársony
corkscrew dugóhúzó
corner sarok
cosmetics illatszerek
cost *v.* kerül; *n.* költség

cottage cheese túró
cotton pamut
cotton balls kozmetikai vatta
cough *n.* köhögés
count *v.* számol
country (nation) ország;
    (countryside) vidék
country code ország
    hívószám
cousin unokatestvér
cream tejszínhab
credit card hitelkártya
cruise sétahajó
cucumber uborka
cuff links mandzsettagomb
cup csésze
customer service
    vevőszolgálat
customs declaration
    vámárunyilatokozat
customs vám
customs officer
    vámtisztviselő
cut *v.* vág

D

dad apa
dairy product tejtermék
dance *v.* táncol
dangerous veszélyes
dark *adj.* sötét
data adatok
daughter lánya
day nap
day after tomorrow
    holnapután
day before yesterday
    tegnapelőtt
dead halott, meghalt
deaf süket, siket
December december
defective hibás

delicatessen élelmiszerbolt
delicious finom
dentist fogorvos
denture műfogsor
deodorant dezodor
department store áruház
departure indulás
dessert desszert
destination úticél,
    rendeltetési hely
detergent mosószer
develop (film) előhívat
diabetes cukorbetegség
diabetic cukorbeteg
dial *v.* tárcsáz
diaper pelenka
diarrhea hasmenés
dictionary szótár
diesel (fuel) dízel
diet étrend, diéta, fogyókúra
different különböző
difficult nehéz
dinner (evening meal)
    vacsora
diplomat diplomata
direction irány
disabled mozgássérült
discount for senior citizens
    nyugdíjaskedvezmény
discount for students
    diákkedvezmény
dish (to cook in) edény;
    (food) étel
dishwasher mosogatógép
disposable egyszer
    használatos
diuretic *n.* vízhajtó
divorced *adj.* elvált
do csinál
doctor orvos
dog kutya
dog show kutyakiállítás
done kész

door ajtó
doorknob kilincs
double *adj.* dupla
down le
draft *n.* (beer) csapolt
drawer fiók
dress ruha
drink *n.* ital; *v.* iszik
drive (a car) vezet
driver's license jogosítvány
drop *n.* csepp
drug (medication) gyógyszer
drugstore illatszerbolt
drunk *adj.* részeg
dry *adj.* száraz; *v.* szárít
dry-clean vegytisztít
dry cleaners patyolat
dryer szárító
during közben
duty free vámmentes
dye *n.* festés

E

each minden, mindegyik,
  minden, egyes
ear *n.* fül
ear plugs füldugó
early korán
earlier korábban
earrings fülbevaló
east kelet
Easter húsvét
easy könnyű
eat eszik
economist közgazdász
egg tojás
eight nyolc
eighteen tizennyolc
eighty nyolcvan
eighth nyolcadik
elbow *n.* könyök

electric elektromos
electricity világítás
eleven tizenegy
embassy nagykövetség
emergency vészhelyzet
emergency brake kézifék
emergency exit vészkijárat
emergency phone
  segélykérő telefon
end *n.* vége
engine motor
engineer mérnök
English angol; in English
  angolul
English-Hungarian
  dictionary
  angol-magyar szótár
English-speaking angolul
  beszélő
enter belép
entrance bejárat
entrance fee belépőjegy
envelope boríték
evening *n.* este; in the
  evening este
exchange *v.* kicserél;
  (money) pénzt vált
exchange rate árfolyam
exchange slip elismervény
Excuse me. Elnézést!
exhibition kiállítás
exit kijárat
expensive drága
explain megmagyaráz
extension mellék
extra *adj.* külön
extra charge pótdíj
extra fee felár
extremely különösen
eye *n.* szem
eyeglasses szemüveg
eyelash szempilla
eyelid szemhéj

F

face *n.* arc
face cream arckrém
face massage arcmasszázs
faint elájul
fall *n.* (autumn) ősz; *v.* elesik
fake hamis
far messze
fast train gyorsvonat
faucet csap
favor *n.* szívesség
favorite kedvenc
February február
fever láz
feverish lázas
few kevés; a few néhány
fifteen tizenöt
fifth ötödik
fifty ötven
filling *n.* tömés
film film
filthy piszkos
find talál
finger ujj
finish *v.* befejez
fire *n.* (flame) tűz
fire department tűzoltóság
fire extinguisher
    tűzoltókészülék
first első
first-aid kit elsősegély
    csomag
first class első osztály
first floor földszint (*lit.*
    ground floor)
first name utónév (*lit.*
    last name)
fish *n.* hal
fit *v.* illik
five öt
five hundred forint
    banknote ötszázas

five thousand forint
    banknote ötezres
fix *v.* megjavít
fizzy pills pezsgőtabletta
flannel flanel
flash (for a camera) *n.* vaku
flat tire defekt
flea market bolhapiac
flight járat
flower virág
folk art népművészet
folk dance néptánc
folk music népzene
food étel
foot lábfej
football amerikai foci
for -nak, -nek, -ért
for sale eladó
forbidden tilos
forehead homlok
foreign külföldi
foreign language bookstore
    idegennyelvű
    könyvesbolt
forest erdő
fork villa
forty negyven
fountain szökőkút
four négy
fourteen tizennégy
fourth negyedik
fragile törékeny
frame *n.* szemüvegkeret
frankfurter virsli
free (no charge) *adj.* ingyenes
freezer fagyasztó
French francia
French fries sült krumpli
fresh friss
Friday péntek
fried *adj.* sült
friend barát
from -ból, -ból, -tól, -től,
    -ról, -ről

front door bejárati ajtó
fruit gyümölcs
full tele
funeral temetés
funny vicces
fuse biztosíték

G

game játék, meccs, játszma
garage garázs
garbage can kuka
garden *n.* kert
garlic fokhagyma
gasoline benzin
gas station benzinkút
gate kapu
gear sebesség
genitals nemi szervek
German német
get *v.* kap
   get in beszáll
   get on felszáll
   get off leszáll
   get out kiszáll
gift *n.* ajándék
ginger gyömbér
girl lány
girlfriend barátnő
give ad
glass pohár
glasses szemüveg
gloves kesztyű
go megy; go wrong elromlik
God Isten
gold arany
good jó
Goodbye. Viszontlátásra!
Good evening. Jó estét
   kívánok!
Good morning. (early
   morning) Jó reggelt
   kívánok!

Good morning. Good
   afternoon. Jó napot
   kívánok! (*lit.* I wish a
   good day.)
Goodnight. Jó éjszakát
   kívánok!
goulash gulyás(leves)
government kormány
grandparents nagyszülők
grapefruit grépfrút
grapes szőlő
gray szürke
great (excellent) nagyszerű
green zöld
green beans zöldbab
green pepper zöldpaprika
grilled meat sült hús
grocery élelmiszerbolt
group *n.* csoport
guide *n.* idegenvezető
guidebook útikönyv

H

hair (on the body) szőr; (on
   the head) haj
hairdresser fodrász
hair color festés
haircut hajvágás
half fél
half a kilo fél kiló; half a
   pound húsz deka;
   half an hour félóra;
   half-day félnapos
ham sonka
hand kéz
hand cream kézkenőcs
handbag kézitáska
harbor kikötő
hard (difficult) nehéz
hat sapka, kalap
have van neki
he ő

head *n.* fej
headache fejfájás
headlights fényszóró
headphones fejhallgató
health egészség
heart *n.* szív
heart condition szívbeteg
heartburn gyomorégés
heating *n.* fűtés
heel *n.* sarok
height magasság
Hello! Szia! (*sg.*)
    Sziasztok! (*pl.*)
help *v.* segít; Help! *n.*
    Segítség!
her őt
her (e.g. her shoes) -a, -e,
    -ja, -je
here itt; ide
hers *poss. pron.* övé
high magas
highway autópálya
hiking gyalogtúra
him őt
hip bone csípőcsont
his *poss. pron.* övé
his (e.g. his shoes) -a, -e,
    -ja, -je
history történelem
hit *v.* üt
holiday ünnep
home otthon
honey méz
horse ló
horse racing lóverseny
hospital kórház
hostel turistaszálló
hot meleg
hotel szálloda
hour óra
house ház
how? hogyan?
how many? hány?
how much? mennyi?

hundred száz
hundred forint coin százas
Hungarian magyar; in
    Hungarian magyarul
Hungary Magyarország
Hungary guide
    Magyarország útikönyv
hungry éhes
hurry *v.* siet
hurt *v.* fáj
husband férj

I

I én
ice jég
ice cream fagylalt
ice cream bar jégkrém
idiot bolond
if ha
ill *adj.* beteg
illness betegség
immediately azonnal
important fontos
impossible lehetetlen
improbable valószínűtlen
in -ban, -ben
    in front of *postp.* szemben
    in the back hátul
    in the evening este
    in the front elöl
    in the morning reggel
included *adj.* benne van
indicator index
infection fertőzés
information tájékoztató
injured *n.* sérült
inside *adv.* bent
instead of *prep.* helyett *postp.*
insurance biztosítás
intelligent értelmes
international nemzetközi

international call nemzetközi hívás
internet café internet kávéház
interpreter tolmács
intersection kereszteződés
intestine bél
into -ba, -be
introduce bemutat
invite meghív
iron *n.* vasaló; *v.* vasal
it *obj. pron.* azt

J

jacket zakó
jam *n.* dzsem, gyümölcsíz
jammed beragadt
January január
jaw állkapocs
jeans farmer
jewel ékszer
jeweler's ékszerbolt
Jewish zsidó
job állás
joke vicc
journey utazás
juice gyümölcslé
July július
jump ugrál
June június
just (only) éppen

K

key kulcs
kidney vese
kind *adj.* kedves; *n.* fajta
king király
king size hosszú (*lit.* long)
kiss *n.* csók; *v.* csókol
knee térd

kneecap térdkalács
knife kés
know tud; ismer

L

ladies' room női wc
lady hölgy
lager világos sör
lake tó
lamb bárány
language nyelv
large nagy
last utolsó
last name családnév (*lit.* family name)
late késő
later később
Laundromat mosoda
laundry mosás
law jog, törvény
lawyer jogász
laxative hashajtó
learn tanul
leather bőr
leave *v.* indul
left *adj.* bal; to the left balra; on the left a bal oldalon
leg láb
lemon citrom
lemon juice citromlé
lentil lencse
less kevesebb
letter levél; betű
lettuce saláta
library könyvtár
lie (tell untruth) hazudik
light *adj.* világos; *n.* lámpa
lighter öngyújtó
like *v.* szeret
line *n.* vonal
linen vászon

lip ajak, száj
literature irodalom
little kicsi; kevés
live v. él, lakik
liver máj
local helyi
local call helyi hívás
long hosszú
long distance call távolsági
    hívás
look v. néz
look for keres
lose v. elhagy
lost & found (office) talált
    tárgyak (osztálya)
love v. szeret
low alacsony, mély
lower alsó
luggage csomag
lunch ebéd
lungs tüdő

M

mad (angry) dühös
Ma'm (to an elderly or
    married woman)
    Hölgyem!
maiden name lánykori név
mail n. posta; v. felad
mailbox postaláda
main course főétel
make v. csinál; (of car)
    autómárka
man férfi
manage sikerül
manager vezető
manicure manikür
many sok
map térkép
March március
market piac

married adj. (woman)
    férjnél van; (man) nős
matches n. gyufa
material anyag
mattress matrac
May n. május
may v. szabad
me obj. pron. engem
meal étkezés
meat hús
medicine gyógyszer
medium (clothing) közepes
meet találkozik
men's clothes férfi ruha
men's room férfi W.C.
menu étlap
metro station metróállomás
microwave oven
    mikrohullámú sütő
mile mérföld
milk tej
mine enyém
mineral water ásványvíz
minute n. perc
mirror n. tükör
Miss (to a young woman)
    Kisasszony!
missing v. hiányzik
mistake tévedés
Monday hétfő
money pénz
month hónap
monument emlékmű
mop n. felmosó
more több
morning (late) délelőtt;
    (early) reggel
mosque mecset
most a legtöbb
mother anya
mountain hegy
mouse egér
moustache bajusz
mouth száj

move mozog
movie film, mozi
much sok
muscle izom
museum múzeum
mushroom gomba
music zene
music store lemezbolt
Muslim mohamedán
mustard mustár
my (e.g. my shoes) -m, -am,
   -om, -em, -öm

N

nail (finger) köröm
nailbrush körömkefe
nail polish körömlakk
nail polish remover
   körömlakk lemosó
name név; last name
   családnév (*lit.* family
   name); first name
   utónév (*lit.* last name)
napkin szalvéta
nasal bone orrcsont
national holiday nemzeti
   ünnep
nausea hányinger
navel köldök
near közel; near here
   közelben; nearby
   közeli
nearest legközelebbi
neck nyak
necklace nyaklánc
need *v.* kell
neighborhood környék
nerve ideg
never soha
new új
news hír
newspaper újság

New Year's Eve Szilveszter
newsstand újságosbolt
next következő
night éjszaka
nightclub éjjeli mulató, lokál
nine kilenc
nineteen tizenkilenc
ninety kilencven
ninth kilencedik
no nem
noise zaj
noisy zajos
non-smoking nemdohányzó
noon dél; at noon délben
north észak
nose orr
not nem; not any more már
   nem; not yet még nem
nothing semmi
notice *n.* felirat
November november
now most
number szám
nurse *n.* nővér

O

occasion alkalom; on one
   occasion egy
   alkalommal
o'clock óra
occupied foglalt
October október
off -ról, -ről
office iroda
oil olaj
oil change olajcsere
oil pressure olajnyomás
ointment kenőcs
okay jó, rendben
old régi; öreg
on -n, -on, -en,-ön
one egy

one (of two or many) egyik;
  one more time még
  egyszer; one time
  egyszer
one forint coin egyforintos
one-color egyszínű
onion hagyma
only csak
onto -ra, -re
open v. nyit; adj. nyitva
opera theater operaház
operator (telephone)
  központ
optician látszerész
orange n. (fruit) narancs;
  adj. (color)
  narancssárga
orange juice narancslé
order v. rendel; n. rendelés
ordinary rendes, egyszerű
our (e.g. our daughter) -nk,
  -unk, -ünk
ours miénk
out of -ból, -ből
out of order nem működik;
  üzemen kívül
outside kint
oven sütő
over the counter recept
  nélküli
overnight egy éjszaka
overseas call tengerentúli
  hívás

P

pack n. (at the beautician)
  pakolás; (of cigarettes)
  doboz
package csomag
painful fájdalmas
painkiller fájdalomcsillapító
paint n. festék

painting festmény
pair pár
pajamas pizsama
pálinka (strong fruit
  brandy) pálinka
pancreas hasnyálmirigy
pants nadrág
paper papír
parents szülők
park n. park; park v. (a car)
  parkol
parking lot parkoló
part rész; alkatrész
passport útlevél
pastry sütemény
pattern minta
pay v. fizet
payphone nyilvános telefon
pea zöldborsó
peach őszibarack
pear körte
pedestrian gyalogos
pen toll
penalty büntetés
pencil ceruza
pepper paprika, bors
permanent wave (hairstyle)
  tartós hullám
pharmacy gyógyszertár;
  patika
pharynx garat
phone v. telefonál; n. telefon
phone book telefonkönyv
phone call telefonhívás
phone card telefonkártya
phone number telefonszám
photo fénykép
photographer n. fényképész
phrasebook nyelvkönyv
picture kép
piece darab
pillow párna
pillowcase párnahuzat
pineapple ananász

pink rózsaszín
pipe tobacco pipadohány
place *n.* hely
places of interest látnivalók
plain sima
plane *n.* repülőgép
plastic műanyag
plastic lense műanyag lencse
plate tányér
platform (*lit.* rail) vágány
Please. (in polite requests)
 Kérem!
plum szilva
poetry költészet
poisonous mérgező
police rendőrség; policeman
 rendőr; police station
 rendőrség
poor (not rich) szegény
poppy seed mák
popular népszerű
pork sertéshús
porter hordár
possible lehet
post office posta
postcard képeslap
potato burgonya; krumpli
poultry szárnyas; baromfi
pregnant terhes
prescription recept
pretty csinos
price ár
print nyomtat
private *adj.* magán
private property
 magánterület
problem probléma
pronounce kiejt
property tulajdon
Protestant protestáns
pull *v.* húz
pump *v.* felfúj
purchase *v.* vásárol

purple lila
push *v.* tol

Q

question *n.* kérdés
quick gyors
quiet csendes

R

radio rádió
railway station pályaudvar;
 vasútállomás
rain *n.* eső
raisin mazsola
rape *v.* megerőszakol
raspberry málna
razor borotva
read olvas
ready kész
receipt (in the store) blokk
recipe (in a cookbook) recept
red (color) piros
red currants ribizli
red wine vörösbor
refrigerator hűtőszekrény
registered mail ajánlott
 levél
regular sima; rendes; normál
relative rokon
religion vallás
remote control távirányító
rent *v.* bérel; rent a car
 autót bérel
repair *n.* javítás; *v.* megjavít
repeat ismétel
replace kicserél
replacement csere
reservation foglalás
reserved *adj.* foglalt
restaurant étterem

restroom mosdó
return v. visszahoz; visszaad
reverse v. tolat
rib borda
rice rizs
right jobb to the right
    jobbra; on the right
    a jobb oldalon
river folyó
road út
road map autós térkép
road side service sárga
    angyal (lit. yellow
    angel)
roll (of film) filmtekercs;
    (bread) zsemle
room szoba; single room
    egyágyas szoba;
    double room kétágyas
    szoba
room service szobaszolgálat
rubber gumi
rubber band hajgumi
run fut, szalad
ruins rom

S

sad szomorú
safe biztonságos
sailing vitorlázás
salad saláta
salami szalámi
sale kiárusítás
salt só
same ugyanaz, ugyanolyan,
    ugyanannyi
sandwich szendvics
sanitary napkins intim betét
satin szatén
Saturday szombat
sausage kolbász
say mond

scales mérleg
scarf sál
school iskola
scientist tudós
scrambled eggs rántotta
screw n. csavar
search v. keres
seat hely
seat belt biztonsági öv
seat reservation (on a
    ticket) helyjegy
second második
second-class másodosztály
second floor első emelet (lit.
    first floor)
see néz
self-service önkiszolgáló
sell elad
seltzer szódavíz
semi-dry félszáraz
semi-sweet félédes
send küld
senior citizen nyugdíjas
September szeptember
serious komoly
serve kiszolgál
service station szervíz
services szolgáltatások
seven hét
seventeen tizenhét
seventh hetedik
seventy hetven
sew varr
sex (gender) nem
shampoo n. (service)
    hajmosás; (for washing
    your hair) sampon
shape n. alak
sharp éles
shave n. borotválás; v.
    borotvál
shaving cream borotvakrém
she ő
sheet lepedő; (of paper) lap

shin lábszár
shin bone sípcsont
ship *n.* hajó
shoe cipőbolt
shoelaces cipőfűző
shoe store cipőbolt
shop *n.* (store) bolt;
    (workshop) műhely
shopping *n.* vásárlás
short rövid
shorts rövidnadrág
shoulder váll
shoulder blade lapocka
show *v.* mutat
shower zuhany
shut bezár
shy félénk, szégyellős
sick beteg
side oldal
side burn oldalszakáll
side plate kistányér
sigh *v.* sóhajt
sightseeing tour városnézés
sign *n.* tábla; *v.* aláír
silk selyem
silver ezüst
silverware evőeszköz
similar hasonló
simple egyszerű
sing énekel
single (man) nőtlen;
    (woman) hajadon
single room egyágyas szoba
Sir! Uram!
sister (older) nővér;
    (younger) húg
sit ül
six hat
sixteen tizenhat
sixth hatodik
sixty hatvan
size *n.* méret
skin *n.* bőr
skinny sovány

skull koponya
sky ég
sleep *v.* alszik
sleeping pills altató
slice (of bread) szelet
    (kenyér); sliced *adj.*
    szeletelt
slippers papucs
slow lassú
slow train személyvonat
slower *adv.* lassabban
small kis, kicsi
smell *v.* érez, szagol
smile *v.* mosolyog
smoke *v.* dohányzik
smoking *n.* dohányzás
smoking area dohányzásra
    kijelölt hely
sneakers edzőcipő
soap szappan
soccer futball
socket konnektor
socks zokni
soda üdítő
soft (material) puha
soldier katona
sole talp
someone valaki
son fia
sore throat torokfájás
sorry bocsánat
soup leves
sour savanyú
sour cherry meggy
sour cream tejföl
south dél
souvenir ajándéktárgy
souvenir store ajándékbolt
speak beszél
spices fűszerek
spinach spenót
spine gerinc
spoon kanál
sport sport

sporting goods store
sportszerbolt
sprain *v.* megrándul
square *n.* tér
stairs lépcső
stamp *n.* bélyeg; *v.* pecsétel
start *v.* kezdődik, indul
station állomás
stationeries papír-írószer
statue szobor
stay *v.* marad; *n.* tartózkodás
steak hússzelet
stewed *adj.* pörkölt
stick shift váltós
still *adv.* még mindig
stomach gyomor; **on an empty stomach** éhgyomorra
stop *v.* megáll; *n.* megálló
store *n.* üzlet
(go) straight egyenesen
stranger *n.* idegen *n.*
strawberry földieper
street utca
string beans zöldbab
striped *adj.* csíkos
strong erős
stupid buta
student diák
student ID diákigazolvány
stuffed cabbage töltött káposzta
stuffed paprika töltött paprika
suede hasított bőr
sugar cukor
suit *n.* (men's) öltöny; (women's) kosztüm
suitcase bőrönd
sun nap
sunblock (lotion) napolaj
sunburn leégés
Sunday vasárnap
supper vacsora

suppository kúp
surgeon sebész
surgery műtét
surname vezetéknév
suspenders nadrágtartó
sweet édes
swim úszik
swimming úszás
swimming pool medence
synagogue zsinagóga
synthetic szintetikus

T

table asztal
table tennis asztalitenisz
talk beszél
take kivesz
take pictures fényképez
tangerine mandarin
tax *n.* adó; (customs) vám
taxi taxi
tea tea
teacher tanár
telephone telefon
telegram távirat
television tévé
tell mond
temperature hőmérséklet
temple halánték
temporarily ideiglenesen
ten tíz
ten forint coin tizes
tenth tizedik
ten thousand forint banknote tízezres
tendon ín
terrycloth frottír
testicles herek
than mint
thank *v.* köszön
that az
the a; az

theater színház
their (e.g. their room) -uk,
    -ük, -juk, -jük
theirs *poss. pron.* övék
them *obj. pron.* őket
then akkor
there (answering where?)
    ott; (answering
    where to?) oda;
    there is not nincs
these ezek
they ők
thigh comb
thigh bone combcsont
thin vékony
think gondol
third harmadik
third floor második emelet
    (*lit.* second floor)
thirsty szomjas
thirteen tizenhárom
thirty harminc
this ez
those azok
thousand ezer
thousand forint banknote
    ezres
three három
three times háromszor
threshold küszöb
throat torok
Thursday csütörtök
thyroid gland pajzsmirigy
ticket jegy
ticket collector kalauz
ticket for a child
    gyermekjegy
ticket for a senior citizen
    nyugdíjasjegy
ticket for a student
    diákjegy
ticket for an adult
    felnőttjegy
ticket office pénztár

tie *n.* nyakkendő
tight *adj.* szoros
tile csempe
tip *n.* borravaló
tire gumi
tired fáradt
tissue papírzsebkendő
to -ba, -be, -hoz, -hez, -höz,
    -nak, -nek
    to her neki
    to him neki
    to me nekem
    to them nekik
    to us nekünk
    to you neked (*sg. inform.*)
    to you önnek (*sg. form.*)
    to you nektek (*pl. inform.*)
    to you önöknek (*pl. form.*)
toast *n.* (bread) pirítós
    (kenyér)
toaster kenyérpirító
tobacco dohány
tobacconist dohánybolt
today ma
toe(s) lábujj(ak)
toilet mosdó, W.C., vécé
toilet paper W.C. papír
tomato paradicsom
tomb síremlék
tomorrow holnap
tongue nyelv
tonight ma este
tonsil mandula
tooth *n.* fog
toothache fogfájás
toothbrush fogkefe
toothpaste fogkrém
top *n.* teteje
touch *v.* érint
tour *n.* túra
tourist turista; tourist map
    turista térkép; tourist
    office utazási iroda
tow *v.* vontat; *n.* vontatás

towel törülköző
towel rack törülközőtartó
toy játék; **toy store** játékbolt
traffic forgalom
train vonat
train station vasútállomás
tram (streetcar) villamos
tram stop villamosmegálló
tranquilizer nyugtató
translator tolmács
travel *v.* utazik; *n.* utazás
travel office utazási iroda
traveler's check utazási
    csekk
trim *v.* levág belőle
trip (excursion) kirándulás
trouble *n.* baj
truck teherautó
trunk törzs
try on felpróbál
Tuesday kedd
turkey pulyka
turn *v.* fordul
twelve tizenkettő
twenty húsz
twenty forint coin huszas
two kettő
two forint coin kétforintos

U

ugly csúnya
umbrella esernyő
uncle nagybácsi
understand ért
underwear fehérnemű
United States Egyesült
    Államok
university egyetem
unleaded (gasoline)
    ólommentes
unlock kinyit

until -ig
up fel
upper arm felkar
upset stomach gyomorrontás
urgent sürgős
us minket
use használ
useful hasznos
useless haszontalan
uterus méh

V

vacancy *n.* szabad szoba (*lit.*
    free room)
vacation szabadság; üdülés
vaccination védőoltás
valuable értékes
vegetable zöldség
vegetable market
    zöldségbolt
vegetable dish (with gravy)
    főzelék
vegetarian vegetariánus
vein véna
velvet bársony
very nagyon
vest *n.* mellény
village falu
vinegar ecet
violet ibolya
visa vízum
visit *v.* meglátogat; *n.*
    látogatás
vitamin vitamin
vomit hány

W

waist derék
wait *v.* vár

waiter pincér
wake-up call ébresztő
walk gyalog megy
wallet pénztárca
walnut dió
want *v.* akar
warm *adj.* meleg
warning *n.* figyelmeztetés
washbasin mosdókagyló
washroom (toilet) W.C.
watch *n.* óra; *v.* néz
watch out vigyáz
water *n.* víz; **mineral water**
    ásványvíz; **plain**
    water sima víz
water polo vízilabda
watermelon (görög)dinnye
wax *n.* gyantázás
we mi
weak gyenge
wedding esküvő
wedding band karikagyűrű
Wednesday szerda
week hét
west nyugat
what kind? milyen?
what? mi? mik? (*sg., pl.*);
    what? mit? miket?
    (as object of sentence;
    sg., pl.)
what's that? tessék?
when? mikor?
where? hol?
where from? honnan?
where to? hová?
which? melyik?
which way/in which
    direction? merre?
white fehér
who? ki? kik? (*sg., pl.*)
whom? kit? kiket? (*sg., pl*)

why? miért?
Will you please ... (in
    general, to call
    attention, or to ask a
    favor) Legyen szíves!
window ablak
windpipe légcső
windshield szélvédő
windshield wiper ablaktörlő
wine bor
winter tél
with -val, -vel
    with her vele
    with him vele
    with me velem
    with them velük
    with us velünk
    with you veled
        (*sg. inform.*)
    with you veletek
        (*pl. inform.*)
    with you önnel
        (*sg. form.*)
    with you magával
        (*sg. form.*)
    with you önökkel
        (*pl. form.*)
    with you magukkal
        (*pl. form.*)
woman nő
women's clothes női ruha
word szó
wool gyapjú
wrist csukló; wristwatch
    karóra
write ír write down leír
wrong téves, rossz

X

X-ray röntgen

Y

yellow sárga
yes igen
yesterday tegnap
yogurt joghurt
you te (*pers. pron. sg. inform.*)
   you ön (*pers. pron. sg. form.*)
   you ti (*pers. pron. pl. inform.*)
   you önök (*pers. pron. pl. form.*)
   you téged (*obj. pron. sg. inform.*)
   you önt (*obj. pron. sg. form.*)
   you titeket (*obj. pron. pl. inform.*)
   you önöket (*obj. pron. pl. form.*)

your -d, -ad, -od, -ed, -öd (*sg.*)
   your -tok, -tek, -atok, -etek, -ötök (*pl.*)
yours maguké (*poss. pron. pl. form.*)
   yours önöké (*poss. pron. pl. form.*)
   yours magáé (*poss. pron. sg. form.*)
   yours öné (*poss. pron. sg. form.*)
   yours tiétek (*poss. pron. pl. inform.*)
   yours tied (*poss. pron. sg. inform.*)

Z

zero nulla
zip code irányítószám
zoo állatkert

Phrasebook

I. Survival Hungarian

Greetings

The most widely used form is **Jó napot kívánok!** (Good morning/Good afternoon). It can be used throughout the day. **Jó reggelt kívánok!** (Good morning) can be used until about 9 o'clock. **Szia!** (*sg.*) and **Sziasztok!** (*pl.*) are very popular with young people or as an informal greeting. You will be surprised to hear **hello** meaning 'goodbye'. Other polite forms include:

Good morning.	**Jó reggelt kívánok!**
Good morning/ Good afternoon.	**Jó napot kívánok!**
Good evening.	**Jó estét kívánok!**
Good night.	**Jó éjszakát kívánok!**
Goodbye. (lit. so long, see you)	**Viszontlátásra!**

Basic Communication

Yes.	**Igen.**
No.	**Nem.**
Please.	**Kérem.**
Thank you.	**Köszönöm.**
Thank you so much.	**Nagyon köszönöm.**
You are welcome.	**Szívesen.**
No problem.	**Nincs mit.**
How are you?	**Hogy van?**
Good. All right.	**Jó. Rendben.**
It's not good.	**Nem jó.**
Sorry.	**Bocsánat.**
Excuse me.	**Elnézést.**

I understand.	**Értem.**
I don't understand.	**Nem értem.**
One more time.	**Még egyszer.**
Slower.	**Lassabban.**
What's this in Hungarian?	**Mi ez magyarul?**
What does it mean?	**Mit jelent?**
Do you speak English?	**Beszél angolul?**
I don't speak Hungarian.	**Nem beszélek magyarul.**

Show me in this phrasebook.
Legyen szíves, mutassa meg ebben a kifejezésgyűjteményben.

Write it down, please.
Írja le, kérem!

Where is the men's room/ladies' room?
Hol van a mosdó?

Being Understood

Does anyone here speak … ?	**Beszél itt valaki … ?**
…English	**…angolul**
…French	**…franciául**
…German	**…németül**
…Spanish	**…spanyolul**

What's that?
Tessék?

Say it again, please. (*lit.* one more time)
Még egyszer, kérem!

What is this in Hungarian?
Mi ez magyarul?

How do you say … in Hungarian?
Hogy mondják magyarul … ?

How do you pronounce this?
Hogy kell ezt kiejteni?

Do you understand what I'm saying?
Érti, amit mondok?

I understand.
Értem.

I don't understand.
Nem értem.

I want an interpreter.
Egy tolmácsot szeretnék.

Let me find it in the book.
Megkeresem a könyvben.

This is what I mean.
Ezt akarom mondani.

Addressing People

Names are less frequently used to address someone. First names are rarely used in formal conversation and in general.

Excuse me. (in general, to call attention)
Elnézést!

Sir. (to a man, irrespective of age)
Uram!

Ma'm. (to an elderly or married woman)
Hölgyem!

Miss. (to a young woman)
Kisasszony!

Will you please ... (in general, to call attention, or as a
    favor)
Legyen szíves!

Making Requests

The objective case ending **-t** is always added with verbs
of request (see grammar). So you can ask for a fork, **villa**,
by saying: **Kérek egy villát.** (May I have a fork, please?)

I want a ... ?/May I have a ... ?
Kérek egy ...-t.

I want another ...
Kérek egy másik ...-t.

I would like to get a ...
Szeretnék egy ...-t.

I want that. I want this.
Azt kérem. Ezt kérem.

Can you give me a ... please.
Adjon egy ...-t, kérem.

Can you bring me a ... please.
Hozzon egy ...-t, kérem.

Can you do me a favor?
Egy szívességet szeretnék kérni.

Asking for Permission

The verb **szabad** (is it allowed) and the infinitive (formed from the third person singular with the ending **-ni**) can be used to ask for permission, e.g. **Szabad bejönni?** (May I come in?) The particle **-hat-** or **-het-** placed after the root word, but before the personal ending, expresses the same, e.g. **Fizethetek itt?** (Can I pay here?)

May I?
Szabad?

May I sit here?
Leülhetek ide?

May I use the phone?
Használhatom a telefont?

May I use the bathroom?
Használhatom a mosdót?

May I go in?
Bemehetek?

Do you mind if I smoke?
Nem zavarja, ha dohányzom?

Question Words

Questions that contain question words have falling intonation.

Who?	**Ki?** (*sg.*) **Kik?** (*pl.*)
What?	**Mi?** (*sg.*) **Mik?** (*pl.*)
Whom?	**Kit?** (*sg.*) **Kiket?** (*pl.*)
What? (as the object of the sentence)	**Mit? Miket?** (*sg., pl.*)

Where?	**Hol?**
Where to?	**Hová?**
Where from?	**Honnan?**
When?	**Mikor?**
What kind?	**Milyen?**
Which?	**Melyik?**
How many?	**Hány?**
How much?	**Mennyi?**

Asking for Directions

Where's the … ?
Hol van a … ?

Where can I find a … ?
Hol találok egy …-t?

Which direction is it to … ?
Merre van a … ?

Where does … leave from?
Honnan indul a … ?

Which is the … ?
Melyik a … ?

Where are we now?
Hol vagyunk most?

I'm lost.
Eltévedtem.

Can you show me on the map, please?
Mutassa meg a térképen, kérem!

I am looking for …
…-t keresem.

In Trouble

Does anyone here speak English?
Beszél itt valaki angolul?

Help!
Segítség!

I'm in trouble, help me please.
Bajban vagyok, segítsen, kérem!

Thief!
Tolvaj!

Get away from me!
Hagyjon békén!

Call an ambulance!
Hívja a mentőket!

Call the police!
Hívja a rendőrséget!

Call the Fire Department.
Hívja a tűzoltókat!

Call the US Embassy.
Hívja fel az amerikai követséget!

Where is the US Embassy?
Hol van az amerikai nagykövetség?

I am lost.
Eltévedtem.

I want a translator.
Tolmácsot akarok.

I don't understand.
Nem értem.

I speak a little Hungarian.
Kicsit beszélek magyarul.

I speak English.
Angolul beszélek.

I'm American.
Amerikai vagyok.

II. Personal Data

Name & Age

Names are used in reverse order in Hungarian; the first name comes after the family name/surname. For example, Péter Kiss would be addressed as Kiss Péter in Hungarian.

My name is …
… vagyok.

What's your name?
Mi a neve?

last name (*lit.* family name)	**családnév**
first name (*lit.* last name)	**utónév**
maiden name	**lánykori név**

How old are you?
Hány éves?

I am … years old.
… éves vagyok.

Family

Are you married? (to a man)
Nős?

Are you married? (to a woman)
Férjnél van?

I am married. (man)
Nős vagyok.

I am married. (woman)
Férjnél vagyok.

I am single. (man)
Nem vagyok nős.

I am single. (woman)
Nem vagyok férjnél.

I am divorced.
Elváltam.

Do you have children?
Vannak gyerekei?

I have a son and two daughters.
Van egy fiam és két lányom.

I have relatives who are Hungarian.
Magyar rokonaim vannak.

My husband's parents are Hungarian.
A férjem szülei magyarok.

My grandparents are Hungarian.
A nagyszüleim magyarok.

Occupation

I am a/an ...   **... vagyok.**

...accountant	**...könyvelő**
...businessman	**...üzletember**
...computer specialist	**...számítógépes szakember**
...diplomat	**...diplomata**
...doctor	**...orvos**
...economist	**...közgazdász**
...engineer	**...mérnök**
...journalist	**...újságíró**
...lawyer	**...jogász**
...scientist	**...tudós**

...soldier	**...katona**
...student	**...diák**
...teacher	**...tanár**

I retired 5 years ago.
Öt éve nyugdíjas vagyok.

I used to work as a ...
Azelőtt ... voltam.

Nationality

Where are you from?
Honnan jön?

I am ...   **...vagyok**

...American	**Amerikai...**
...English	**Angol...**
...German	**Német...**
...French	**Francia...**
...Spanish	**Spanyol...**
...Dutch	**Holland...**
...Russian	**Orosz...**

Hobbies & Sports

My favorite sport is ...   **Kedvenc sportom a/ az ...**

...baseball	**...baseball**
...basketball	**...kosárlabda**
...football (American)	**...amerikai foci**
...horse racing	**...lóverseny**
...swimming	**...úszás**
...soccer	**...futball**
...sailing	**...vitorlázás**
...table tennis	**...asztalitenisz**

My favorite band is Pink Floyd.
Kedvenc együttesem a Pink Floyd.

I like classical music.
A klasszikus zenét szeretem.

I like Hungarian …	**Szeretem a magyar …**
…folk music	**…népzenét**
…folk dance	**…néptáncot**
…folk art	**…népművészetet**

I am interested in Hungarian …	**Érdekel a magyar …**
… history	**…történelem**
…literature	**…irodalom**
…poetry	**…költészet**
…theatre	**…színház**

III. Transportation & Travel

At the Airport

Here is my passport.
Tessék, itt az útlevelem.

I am here on business.
Üzleti úton vagyok.

I came to visit my friends/relatives.
A barátaimhoz/rokonaimhoz jöttem.

I am here on vacation.
Szabadságon vagyok.

I'll be staying for two weeks.
Két hétig maradok.

I have nothing to declare.
Nincs semmi elvámolnivalóm.

This is a gift.
Ez ajándék.

This is not new.
Ez nem új.

This is my luggage.
Ez az én csomagom.

Baggage claim
Csomagkiadás

There's one piece missing.
Egy csomag hiányzik.

Where can I rent a car?
Hol lehet autót bérelni?

Where can I book an airport van?
Hol lehet a minibuszra jegyet venni?

How do I get to the city?
Hogy jutok be a városba?

Taxi

There will be private cars offering you a ride from the airport. The safest, however, is to opt for a cab that has a licensed taxi company logo. The driver should start the meter once you get in.

Where can I get a taxi?
Hol van egy taxi?

Is the car free (unoccupied)?
Szabad a kocsi?

I want to get to this address.
Erre a címre szeretnék menni.

To the ... Hotel, please.
A ... szállodába, legyen szíves.

Would you help me to carry my luggage, please?
Segítsen a csomagomat vinni, legyen szíves!

I am in a hurry.
Sietek.

Make a left here.
Itt forduljon balra!

Make a right here.
Itt forduljon jobbra!

Stop here, please.
Itt álljon meg, kérem!

Wait until I am back, please.
Kérem, várjon meg!

How much is it?
Mennyi lesz?

Take me to the airport, please.
Vigyen a repülőtérre, kérem.

Getting Around:
Maps, Directions, Buying Tickets

Directions are rarely given by blocks in a city, Hungarians relate to **kereszteződés** (intersection) or **sarok** (corner) instead. In everyday language north, east, south and west are not used either. **(see *section I* to ask for directions)**

I want a city map.
Egy várostérképet kérek.

I would like a subway map.
Egy metrótérképet szeretnék.

Do you have a bus map/streetcar map?
Van autóbusztérképe/villamostérképe?

Where is the …
Hol van a …

Is it far?
Messze van?

Is it close?
Közel van?

What ... is this?
Ez milyen ... ?

> ...street
> ...square
> ...road
> ...avenue (main road)
> ...intersection
> ...corner

> **...utca**
> **...tér**
> **...út, utca**
> **...út**
> **...kereszteződés**
> **...sarok**

Where's the ... ?
Hol van a ... ?

Where can I find a ... ?
Hol találok egy ...-t?

Which direction is it to ... ?
Merre van a ... ?

Which is the ... ?
Melyik a ... ?

I'm lost.
Eltévedtem.

Where are we now?
Hol vagyunk most?

Can you show me on the map, please?
Mutassa meg a térképen, kérem!

Go straight on.
Menjen tovább egyenesen!

Turn left.
Forduljon balra!

Turn right.
Forduljon balra!

Cross over.
Menjen át!

Useful Words

right	**jobb(ra)**
left	**bal(ra)**
north	**észak**
east	**kelet**
south	**dél**
west	**nyugat**

Bus, Streetcar, & Subway

Public transportation is inexpensive and reliable in cities. It's a good idea to get a map with all the public transportation information. In Budapest you can use the same ticket for the bus, streetcar, or subway, while in other cities you might need different tickets for each. Tickets should be purchased in advance from vendors or machines.

Where is the ... ?   **Hol van a ... ?**

...streetcar stop	**...villamosmegálló**
...bus stop	**...buszmegálló**
...subway station	**...metróállomás**

Which bus goes to the train station?
Melyik busz megy a vasútállomásra?

Where does ... leave from?   **Honnan indul a ... ?**

...streetcar number one	**...egyes villamos**
...subway number two	**...kettes metró**
...bus number three	**...hármas autóbusz**
...bus number four	**...négyes busz**

Where can I buy tickets?
Hol lehet jegyet venni?

Can I have ten tickets, please?
Tíz jegyet kérek.

Can I have ten bus tickets, please?
Tíz buszjegyet kérek.

How many stops is it to the university?
Hány megálló az egyetem?

Excuse me, I want to get off.
Bocsánat, leszállok.

I am getting off at the next stop.
A következőnél leszállok.

Excuse me, are you going to get off?
Bocsánat, leszáll? (with a rising intonation)

Excuse me (when making your way through a crowd).
Szabad? (with a rising intonation)

I am sorry (I didn't mean it).
Bocsánat (nem akartam).

Train

Inter-City trains provide reliable and fast transportation. However, besides your ticket, you should also purchase an Inter-City reservation ticket . If possible this should be done well in advance, especially on the weekends. You can either give the name of the particular train (e.g. Hortobágy, Szabolcs), or simply the time the train leaves. Tickets must be purchased before getting on the train.

Where is the train station?
Hol van az állomás?

Where can I buy tickets?
Hol lehet jegyet váltani?

I want to travel to Debrecen.
Debrecenbe szeretnék utazni.

When does it leave?
Mikor indul?

When does it arrive?
Mikor érkezik?

Which platform does it leave from?
Hányadik vágányról indul?

Which platform does it arrive at?
Hányadik vágányra érkezik?

I want two tickets to   **Kérek két jegyet**

Debrecen, for the express train, first class, and a seat reservation.	**Debrecenbe, Intercity, első osztály, és helyjegyet is.**
...for the train that is leaving now	**...a most induló vonatra**
...for the morning train	**...a reggeli vonatra**
...for the afternoon train	**...a délutáni vonatra**
...for the evening train	**...az esti vonatra**
...for the next train	**...a következő vonatra**
...for tomorrow's train	**...a holnapi vonatra**

Useful Words

baggage check (to store your larger baggage, usually a counter with an attendant)	**Csomagmegőrző**
buffet car	**étkezőkocsi**
extra charge	**pótdíj**
ladies' room	**női W.C.**
locker (to store your bag)	**Csomagmegőrző**
luggage	**csomag**
men's room	**férfi W.C.**
penalty	**büntetés**
platform (*lit.* track)	**vágány**
porter	**hordár**
(railway or coach) station	**állomás**
railway station (bigger)	**pályaudvar**
seat reservation	**helyjegy**
first class	**első osztály**
second class	**másodosztály**
ticket	**jegy**
express train	**intercity**
fast train	**gyorsvonat**
faster train	**sebesvonat**
slow train	**személyvonat**
ticket collector	**kalauz**
ticket office	**pénztár**

LOST & FOUND *(Talált tárgyak)*
(*lit.* department of found objects)

I have lost my bag.
Elvesztettem a táskámat.

I have left my bag on the train/bus.
A vonaton/buszon hagytam a táskámat.

My bag has been stolen.
Ellopták a táskámat.

Car (Autó)

RENTING A CAR

I would like to rent a car.... **Autót szeretnék bérelni....**

...for two weeks	**...két hétre**
...for a week	**...egy hétre**
...for three days	**...három napra**
...for a day	**...egy napra**

I have an international driver's licence.
Van nemzetközi jogosítványom.

How much is it?
Mennyibe kerül?

Does it include mileage and insurance?
Benne van a kilométer és a biztosítás?

My credit card covers insurance.
A hitelkártyám fedezi a biztosítást.

What kind of cars do you have?
Milyen autók vannak?

Is it an automatic?
Automata váltós?

Is it a stick shift?
Nem automata váltós?

This one will be good.
Ez jó lesz.

What time is the car due back?
Hány óráig kell visszahoznom?

What octane rating does the engine require?
Milyen oktánszámú benzinnel megy?

Where is a gas station?
Hol van egy benzinkút?

Important Note: Prepaid highway toll stickers (called "matrica") must be purchased in advance for Routes MI, M3, M5, M7 at gas stations.

sticker	**matrica**
monthly	**havi**
weekly	**heti**

AT THE GAS STATION

Most gas stations are self-service, and you must go inside the store to pay. They only accept cash. In some places you will have to tell the number of the pump you have used. Upon request, you can have full service.

Useful Words

gas station	**benzinkút**
gas	**benzin**
unleaded	**ólommentes**
premium	**98 szuper**
super	**95**
regular	**91**
diesel fuel	**dízel**
oil	**olaj**
self-service	**önkiszolgáló**
out of order	**nem működik/ üzemen kívül**

Full service. (*lit.* We serve you upon request.)
Kérésére kiszolgáljuk Önt.

Will you help me, please?
Segítene, kérem?

Fill it up, please.
Tele kérem.

Will you check the oil, please?
Megnézné az olajszintet?

Will you change the oil, please?
Lecserélné az olajat?

Will you change the filter, please?
Kicserélné a levegőszűrőt?

Will you pump the tires, please?
Felfújná a kerekeket?

Will you clean the windshield, please?
Lemosná a szélvédőt?

Where do I have to pay?
Hol fizetek?

I used (pump) number 5.
Ötös kút.

I also had an oil change.
Volt egy olajcsere is.

PROBLEMS WITH THE CAR

In case of problems, you may want to call the **Sárga angyal** (yellow angel), the road service of the Hungarian Car Club, the equivalent of AAA. They provide reliable mechanic and towing services.

Useful Words

Full service repair center (mechanic)	**Autószervíz (autószerelő)**
Emergency phone	**Segélykérő telefon**
Road side service (*lit.* yellow angel)	**Sárga angyal**

Where is the nearest repair center?
Hol van a legközelebbi autószervíz?

Would you call the repair center for me, please?
Felhívná nekem az autószervízt?

My car has broken down.
Lerobbant a kocsim.

I have no idea what the problem is.
Fogalmam sincs, mi a baja.

It won't start.
Nem indul.

The battery is dead.
Lemerült az akkumulátor.

I have a flat tire.
Defektet kaptam.

There's no oil pressure.
Nincs olajnyomás.

I smell gas.
Benzinszagot érzek.

This light went on.
Kigyulladt ez a lámpa.

The fuse went out.
Kiégett egy biztosíték.

My car needs to be towed.
El kell vontatni az autómat.

I am locked out of the car.
Bezártam a kulcsot az autóba.

The ... is/are not working.   **Elromlott a/az ...**

...windshield wiper	**...ablaktörlő**
...brakes	**...fék**
...emergency brake	**...kézifék**
...clutch	**...kuplung**
...engine	**...motor**
...brake lights	**...féklámpa**
...headlights	**...fényszóró**
...turn signal	**...index**

Have you found the trouble?
Megvan a hiba?

Can you fix it?
Meg tudja javítani?

Can you just get it running again? (Can you make it drivable?)
Meg tudja javítani annyira, hogy menjen?

Where is the nearest shop where they can fix it?
Hol van a legközelebbi szervíz, ahol meg tudják javítani?

Do you have the part for it?
Van alkatrész hozzá?

How long will it take to get it?
Meddig tart beszerezni?

When will it be done?
Mikorra lesz kész?

How much will it cost?
Mennyibe fog kerülni?

AN ACCIDENT

I had an accident.
Karamboloztam.

Call the police.
Hívja a rendőrséget!

Call an ambulance.
Hívjon mentőt!

I can't move.
Nem tudok mozogni.

There are other people injured.
Mások is megsérültek.

I am bleeding here.
Itt vérzek.

It hurts me here.
Itt fáj.

***For parts of the human body and medical complaints
see Health.**

IV. At the Hotel

Checking In

Floors start with a **földszint** (ground floor), meaning first floor. Room or key numbers use the endings **-as, -es, -os, -ös** with the number in accordance with the rule of vowel harmony, e.g. **egyes** (number one), **kettes** (number two), **hármas** (number three). Hundreds are also used, e.g. **százhármas** (number 103), **háromszáznegyvenötös** (number 345).

I have a reservation.
Foglaltam szobát.

Here is the confirmation.
Itt a visszaigazolás.

Do you have vacancies?
Van szabad szoba?

Do you have a … ?	**Van … ?**
…single room	**…egyágyas szoba**
…double room	**…kétágyas szoba**
…with a bath	**…fürdőszobás**
…with a shower	**…zuhanyozós**
…with a view	**…szép kilátással**
…with a balcony	**…erkéllyel**
…on the first floor	**…a földszinten**
(*lit.* on the ground floor)	
…on the second floor	**…az első emeleten**
(*lit.* on the first floor)	
…on the third floor	**…a második emeleten**
(*lit.* on the second floor)	

What is the price for a night?
Mennyibe kerül egy éjszakára?

We are only staying over night.
Csak egy éjszakát maradunk.

We want to stay one more night.
Még egy éjszakát szeretnénk maradni.

May I see the room?
Megnézhetem a szobát?

Do you have anything … ? **Van … szobájuk?**

…bigger	**…nagyobb**
…cheaper	**…olcsóbb**
…quieter	**…csendesebb**

I would like to get another room.
Egy másik szobát szeretnék.

That's fine. I'll take it.
Ez jó lesz. Ezt kiveszem.

What's my room number?
Mi a szobám száma?

Would you have my luggage sent up?
Felvitetné a csomagomat?

Where can I park my car?
Hol lehet az autóval parkolni?

Is there room service?
Van szobapincér?

What's the number for room service?
Mennyi a szobapincér száma?

Can I get something to eat and drink?
Kaphatok valamit enni és inni?

At the Hotel

What time do you close the front door?
Mikor zárják be a bejárati ajtót?

Can I have the key to room … ?
A … kulcsot kérem.

Difficulties

The … doesn't work.   **A … nem működik.**

…television	**…tévé**
…phone	**…telefon**
…shower	**…zuhany**
…faucet	**…csap**
…heating	**…fűtés**
…electricity	**…világítás**
…toilet	**…vécé**

The washbasin is clogged.
Eldugult a mosdó.

The window is jammed.
Beragadt az ablak.

The bulb is burnt out.
Kiégett a lámpa.

There is no hot water.
Nincs melegvíz.

I have left my key in the room.
A szobában hagytam a kulcsomat.

I am locked out of the room.
Kizártam magam.

I have lost my key.
Elhagytam a kulcsomat.

Services

Where is the … ?	**Hol van a … ?**
…hair salon	**…női fodrászat**
…beautician	**…kozmetika**
…barbershop	**…férfi fodrászat**
…laundry	**…mosoda**

I would like a …	**Egy … szeretnék.**
…shampoo	**…mosást**
…blow-dry	**…szárítást**
…haircut	**…hajvágást**
…perm	**…tartós hullámot**
…haircolor (dye)	**…festést**
…color rinse	**…bemosást**

Just trim it a little bit.	**Egy kicsit vágjon le belőle.**
…mustache	**…bajusz**
…beard	**…szakáll**
…sideburns	**…oldalszakáll**
…shorter	**…rövidebb**
…even shorter	**…még rövidebb**

I don't want any hairspray.
Lakkot nem kérek.

Don't cut too much.
Ne sokat vágjon!

(The dryer is) too hot.
Túl meleg (a szárító).

At the Hotel

I would like a …	**Egy … szeretnék.**
…face massage	**…arcmasszázst**
…wax	**…gyantázást**
…manicure	**…manikürt**
…pedicure	**…pedikürt**

LAUNDRY

I need to have these washed.
Ezeket szeretném kimosatni.

I want these dry-cleaned.
Ezeket tisztítani kell.

Don't bleach them.
Nem kell fehéríteni.

Please don't put this/these in the dryer.
Ezt/ezeket ne tegye a szárítóba!

Can I get an iron, please?
Kaphatnék egy vasalót?

I want to have them today.
Még ma kellene.

As soon as possible.
Minél hamarabb.

Is my laundry done?
Kész van a mosnivalóm?

This is not mine.
Ez nem az enyém.

There is one piece missing.
Egy darab hiányzik.

Leaving the Hotel, Checking Out

We are leaving early tomorrow, would you have my bill
   ready, please?
**Holnap korán elutazunk, kérem, készítsék el a
   számlát.**

Can I have the bill, please?
Kérem a számlámat.

Is everything included?
Ebben minden benne van?

You have made a mistake.
Ez valami tévedés.

Would you please send somebody to bring down
   the luggage?
Legyen szíves, küldjön valakit fel a csomagért!

Would you get me a taxi?
Kérem, hívjon egy taxit!

Can I pay by credit card?
Lehet hitelkártyával fizetni?

Do you accept traveler's cheques?
Utazási csekket elfogadnak?

I don't have any cash.
Nincs készpénzem.

Do I need to pay by cash?
Készpénzzel kell fizetni?

Where is an ATM?
Hol van egy automata?

Is there a bank near here?
Van a közelben egy bank?

V. Food & Drink

Restaurant

My name is ... I have reservation for four people.
A nevem ... Foglaltam asztalt négy személyre.

Could we have a table ...	**Van szabad asztal ...**
...outside	**...kint**
...by the window	**...az ablaknál**
...in the corner	**...a sarokban**
...in the non-smoking section	**...a nem-dohányzó részen**

I am hungry.
Éhes vagyok.

I am thirsty.
Szomjas vagyok.

Can I have the menu, please?
Kérem az étlapot.

Do you have the menu in English?
Van étlap angolul?

I am vegetarian.
Vegetáriánus vagyok.

Do you have any vegetarian dishes?
Van vegetáriánus ételük?

What do you recommend?
Mit ajánl?

What is this dish?
Mi ez az étel?

What's in it?
Mi van benne?

I would like some special Hungarian food.
Valamilyen magyar ételt szeretnék.

Waiter!
Legyen szives!

Waitress!
Kisasszony!

May I have …	**Kérek …**
…a spoon	**…egy kanalat**
…a fork	**…egy villát**
…a knife	**…egy kést**
…a glass	**…egy poharat**
…a plate	**…egy tányért**
…some salt	**…egy kis sót**
…some water	**…egy kis vizet**
…an ashtray	**…egy hamutálat**
…one more of this	**…még egy ilyet**
…another glass	**…még egy poharat**

Menu Reader

FOOD *(Étel)*

csirke	chicken
desszert	desserts
előétel	appetizer
főétel	main dish
főtt	boiled
gomba	mushrooms
gulyás	goulash
hús	meat
hal	fish
köret	garnish

Food & Drink

leves	soup
marhahús	beef
pörkölt	stewed
pulyka	turkey
rántott	breaded
sajt	cheese
saláta	salad
sertéshús	pork
sült	fried
zöldség	vegetables

BEVERAGES (*Italok*)

(sima) víz	(plain) water
ásványvíz	mineral water
barna	brown
bor	wine
csapolt	draft
csípős	hot (spicy)
édes	sweet
fehér	white (wine)
félédes	semi-sweet
félszáraz	semi-dry
fűszeres	spicy
narancslé	orange juice
pálinka	strong alcoholic beverage; proof 80
pezsgő	champagne
sör	beer
száraz	dry
szódavíz	seltzer
tea	tea
üdítő	soda
üveges	bottled
világos	lager
vörös	red (wine)

Can I have a coffee please?
Egy hosszú kávét kérek. (If you want American coffee.)

Can I have an espresso please? | **Egy kávét kérek.**

...with cream | **...tejszínnel**
...with whipped cream | **...tejszínhabbal**
...without sugar | **...cukor nélkül**

No smoking.
Tilos a dohányzás!

I didn't order this.
Nem ezt kértem.

This is cold.
Ez hideg.

I haven't finished yet.
Még nem fejeztem be.

I have finished.
Befejeztem.

Can I have the bill?
Kérem a számlát.

There is a mistake here.
Itt valami tévedés van.

I had only one of these.
Csak egy volt.

Thank you, you can keep the change.
Köszönöm, a többi a magáé.

Useful Words

beef	**marhahús**
butter	**vaj**
bread	**kenyér**
cheese	**sajt**
chicken	**csirke**
honey	**méz**
pork	**sertéshús**
rice	**rizs**
sausage	**kolbász**
sugar/brown sugar	**cukor/barnacukor**

FRUITS *(gyümölcs)*

apple	**alma**
apricot	**sárgabarack**
banana	**banán**
black currants	**fekete ribizli**
cherry	**cseresznye**
chestnut	**gesztenye**
grape fruit	**grépfrút**
grapes	**szőlő**
honeydew melon	**sárgadinnye**
lemon	**citrom**
orange	**narancs**
peach	**őszibarack**
pear	**körte**
pineapple	**ananász**
plum	**szilva**
raspberry	**málna**
red currants	**ribizli**
strawberry	**földieper**
watermelon	**görögdinnye**

VEGETABLES *(zöldség)*

| cabbage | **káposzta** |
| carrots | **sárgarépa** |

cauliflower	**karfiol**
celery	**zeller**
cucumber	**uborka**
eggplant	**padlizsán**
garlic	**fokhagyma**
ginger	**gyömbér**
green beans	**zöldbab**
green pepper	**zöldpaprika**
lentil	**lencse**
lettuce	**saláta**
mushroom	**gomba**
onion	**hagyma**
peas	**zöldborsó**
pepper	**paprika**
poppy seed	**mák**
potato	**burgonya**
tomato	**paradicsom**

DRINKS *(italok)*

beer	**sör**
coffee	**kávé**
champagne	**pezsgő**
orange juice	**narancslé**
tea	**tea**
water	**víz**
wine	**bor**
milk	**tej**

CONDIMENTS *(fűszerek)*

black pepper	**bors**
mustard	**mustár**
salt	**só**
vinegar	**salátaecet**
sour cream	**tejföl**

VI. Money & Shopping

Currency

The Hungarian money is called *forint*. You will find many exchange offices in the main tourist areas, hotels, etc., with the exchange rate displayed. Exchange rates and commissions might vary slightly. Please be prepared to use cash, because credit cards are not widely accepted. Personal checks are not accepted at all. It's good to have some small change with you.

BANKNOTES *(Bankjegyek)*

twenty thousand	**húszezres**
ten thousand	**tízezres**
five thousand	**ötezres**
thousand	**ezres**
five hundred	**ötszázas**

COINS *(Aprópénz)*

one hundred	**százas**
fifty	**ötvenes**
twenty	**huszas**
ten	**tizes**
five	**ötforintos**
two	**kétforintos**
one	**egyforintos**

At the Bank

Where is the nearest bank?
Hol van a közelben bank?

I want to exchange money.
Pénzt akarok váltani.

I want to cash a traveler's check.
Utazási csekket akarok beváltani.

What is the exchange rate?
Mennyi az árfolyam?

What is the commission rate?
Mennyi a kezelési költség?

I want a thousand forints in small change.
Ezer forintot apróban kérek.

Can I have the exchange slip?
Kaphatok egy elismervényt?

There is a mistake.
Nem jól van.

Can you check it again, please?
Ellenőrizné, kérem?

Write down the amount, please.
Írja le az összeget, kérem!

General Shopping

Prices on the tags show the actual price, with tax included. There is no negotiation over the prices, except for the vegetable market and flea market, where you are expected to bargain. You are supposed to have your own shopping bag, as you will be charged for the bag in most supermarkets.

I want to go shopping.
Vásárolni szeretnék.

Where can I do some shopping?
Hol lehet itt vásárolni?

Where can one get ... ?	**Hol lehet venni... ?**
...fruits	**...gyümölcsöt**
...vegetables	**...zöldséget**
...ice cream	**...fagylaltot**
...postcards	**...képeslapot**
...stamps	**...bélyeget**
...women's clothes	**...női ruhát**
...men's clothes	**...férfi ruhát**
...toys	**...játékot**

Where can I find a/an ... ?	**Hol van egy ... ?**
...antique shop	**...régiségbolt**
...bookstore	**...könyvesbolt**
...butcher's	**...húsbolt**
...camera store	**...ofotért**
...deli	**...élelmiszerbolt**
...department store	**...áruház**
...drugstore	**...illatszerbolt**
...flea market	**...bolhapiac**
...jeweler's	**...ékszerbolt**
...market	**...piac**
...music store	**...lemezbolt**
...newsstand	**...újságosbolt**
...optician	**...látszerész**
...pharmacy	**...gyógyszertár**
...shoe store	**...cipőbolt**
...souvenir store	**...ajándékbolt**
...sporting goods store	**...sportszerbolt**
...stationeries	**...papír - írószer**
...vegetable market	**...zöldségbolt**

There are no separate liquor stores in Hungary. You can buy alcoholic beverages in the supermarkets or delicatessens called **ABC**, **KÖZÉRT**, **Élelmiszerbolt**, **Vegyesbolt**, or **Csemege**. Prices may vary. The minimum age is 18.

Drugstores are usually different from what you are used to. You need to go to a pharmacy called **gyógyszertár** or **patika** to get medicine; the **drogéria** (drugstore) sells cosmetics and toiletries.

Do you have any … ?
… kapható?

Where are the … ?
Hol vannak a … ?

Where can I find a … ?
Hol találom a …-t?

Where is the customer's service department?
Hol van a vevőszolgálat?

Will you help me, please?
Segítene?

Can you show me some… ?
Mutatna …-t?

Can you show me that one, please?
Megmutatná azt, legyen szíves!

That one, over there.
Azt ott.

Not that, the other.
Nem azt, a másikat.

The one next to it.
Ami mellette van.

Clothing & Textiles

May I try it/them on?
Fel lehet próbálni?

I take a size 44.
Negyvennégyes a méretem.

It fits me.
Jó rám.

It does not fit.
Nem jó.

I want a bigger one.
Nagyobbat kérek.

I want a smaller one.
Kisebbet kérek.

I want a different color.
Más színűt kérek.

I want something cheaper.
Valami olcsóbbat kérek.

I don't like the …	**Nem tetszik a …**
…shape	**…szabása**
…color	**…színe**
…pattern	**…mintája**

Colors

black	**fekete**
blue	**kék**
brown	**barna**
gold	**arany**
green	**zöld**

gray	**szürke**
orange	**narancssárga**
pink	**rózsaszín**
purple	**lila**
red	**piros**
silver	**ezüst**
white	**fehér**
yellow	**sárga**

| light, lighter | **világos, világosabb** |
| dark, darker | **sötét, sötétebb** |

PATTERNS

plain	**sima**
checkered	**kockás**
polka dots	**pettyes**
one color	**egyszínű**
striped	**csíkos**

MATERIALS

corduroy	**kordbársony**
cotton	**pamut**
flannel	**flanel**
lace	**csipke**
leather	**bőr**
linen	**vászon**
rubber	**gumi**
satin	**szatén**
silk	**selyem**
suede	**hasított bőr**
terrycloth	**frottír**
velvet	**bársony**
wool	**gyapjú**
synthetic	**szintetikus**
plastic	**műanyag**

Money & Shopping

Department Store (Áruház)

First floor
(lit. ground floor)   **Földszint**
Second floor
(lit. first floor)   **Első emelet**
Third floor
(lit. second floor)   **Második emelet**
clothes   **Ruházat**
Women's clothes   **Női ruha**
Men's clothes   **Férfi ruha**
Children's clothes   **Gyermekruha**
Undergarment   **Fehérnemű**
Electrical appliances   **Villamossági**
Car accessories   **Autó alkatrészek**
Cosmetics   **Illatszerek**
Sporting goods   **Sportszerek**

Bookstore (Könyvesbolt)

dictionary   **szótár**
English-Hungarian
dictionary   **angol-magyar szótár**
books in English   **angol nyelvű könyvek**
foreign language
bookstore   **idegennyelvű könyvesbolt**
Hungary travel guide   **Magyarország útikönyv**
tourist map   **turista térkép**
road map   **autós térkép**
Hungarian literature
in English   **magyar irodalom angolul**
art book   **művészeti album**
cookbook   **szakácskönyv**

Butcher's (Húsbolt)

Please remember the use of the metric system when you place your order.

Can I have half a kilo of beef please?
Kérek egy fél kiló marhahúst.

I want two pairs of sausages.
Két pár kolbászt kérek.

I want half a pound of salami. (*lit.* twenty dekagrams)
Húsz deka szalámit kérek.

Sliced, please.
Szeletelve kérem.

Not that much.
Nem olyan sokat.

It may be a little more.
Lehet egy kicsivel több.

This is good.
Így jó lesz.

I want a piece from that.
Abból kérek egy darabot.

Useful Words

beef	**marhahús**
chicken	**csirke**
cold cuts	**felvágott**
ham	**sonka**
pork	**sertéshús**
salami	**szalámi**
sausage	**kolbász**
turkey	**pulyka**

Camera Store (Fényképezőgép Szaküzlet)

My camera is broken.
Elromlott a fényképezőgépem.

The flash is not working.
A vaku nem működik.

Can you fix it?
Meg tudja javítani?

I want a disposable camera.
Egyszer használatos fényképezőgépet kérek.

I want these developed.
Ezeket szeretném előhívatni.

When will they be done?
Mikor lesz kész?

Can you do it earlier?
Nem lehetne hamarabb?

I'll pay the extra fee.
Kifizetem a felárat.

Useful Words

roll (of film)	**filmtekercs**
photo	**fénykép**
develop	**előhívat**
camera	**fényképezőgép**

Optician (Látszerész)

My glasses are broken.
Eltört a szemüvegem.

Can you fix them?
Meg tudja javítani?

When will they be done?
Mikor lesz kész?

Can you do it now?
Nem lehetne azonnal?

I'll pay the extra fee.
Kifizetem a felárat.

I have lost a screw.
Elhagytam egy csavart.

Can you replace it?
Tud helyette másikat tenni?

I want to have new glasses made.
Egy új szemüveget szeretnék csináltatni.

With the same lenses.
Ugyanilyen lencsével.

With plastic lenses.
Műanyag lencsével.

Can you show me some frames?
Mutatna néhány keretet?

I have lost one of my contact lenses.
Elhagytam az egyik kontaktlencsémet.

I want contact lens liquid.
Kontaktlencse folyadékot kérek.

Pharmacy (Gyógyszertár/Patika)

You will probably not find the same brands of medicine in the pharmacy. Over the counter rules are quite different too.

I want something for a/an ...	**Kérek valamit ... ellen.**
...allergy	**...allergia**
...insect bite	**...rovarcsípés**
...cold	**...megfázás**
...cough	**...köhögés**
...fever	**...láz**
...headache	**...fejfájás**
...heartburn	**...gyomorégés**
...sore throat	**...torokfájás**
...upset stomach	**...gyomorrontás**

Where are the over the counter medications?
Hol vannak a recept nélküli gyógyszerek?

Where is/are the ... ?
Hol van a ... ?

Which is/are the ... ?
Melyik a ... ?

...antiseptic ointment	**...fertőtlenítő kenőcs**
...bandage	**...kötszer**
...cotton	**...vatta**
...ear plugs	**...füldugó**
...first aid kit	**...elsősegély csomag**
...laxative	**...hashajtó**
...painkiller	**...fájdalomcsillapító**
...sanitary napkins	**...intim betét**
...sleeping pills	**...altató**
...tranquilizer	**...nyugtató**
...over the counter	**...recept nélküli**
...medicine	**...gyógyszer**

...tablets	**...tabletta**
...capsules	**...kapszula**
...powder	**...por**
...solution	**...oldat**
...suppository	**...kúp**
...ointment	**...kenőcs**

Tobacconist (Dohánybolt)

A pack of cigarettes, please.
Egy doboz cigarettát kérek.

A carton of cigarettes, please.
Egy karton cigarettát kérek.

A pack of matches, please.
Egy doboz gyufát kérek.

Useful Words

regular (*lit.* short)	**rövid**
king size (*lit.* long)	**hosszú**
hard box pack	**keménydobozos**
menthol	**mentolos**
lighter	**öngyújtó**
pipe tobacco	**pipadohány**
cigar	**szivar**

Purchasing/Checking Out

How much is it?
Mennyibe kerül?

Write it down, please.
Írja le, legyen szíves!

I'll take it/them.
Megveszem.

Can I pay by credit card?
Hitelkártyával fizethetek?

Can I pay by traveler's cheque?
Utazási csekkel fizethetek?

Do I need to pay by cash?
Készpénzzel kell fizetni?

Is there a discount for students?
Van diákkedvezmény?

For senior citizens?
Nyugdíjaskedvezmény?

Difficulties

It is not as simple to return purchased articles in Hungary as it is in the US. Most stores will not give a refund if you just changed your mind, though they will exhange defective articles and they also might let you purchase something else for the equivalent amount. You always have to present the receipt.

This is a defective article.
Ez hibás áru.

Can I exchange this, please?
Kicserélné ezt?

I would like to return this.
Ezt hoztam vissza.

Here is the receipt.
Itt a blokk.

I want a refund.
Az árát kérem vissza.

I will buy something else instead.
Veszek valamit helyette.

Do I have to buy something for this amount?
Ezt le kell vásárolni?

Can I speak to the manager?
A boltvezetővel akarok beszélni.

VII. Communications

Phone Calls

You can find public pay phones at most busy intersections, shopping malls and department stores. You can operate them with the coins shown on the phone or prepaid phone cards, available at the post office or tobacco stores. Local calls are also charged. You have to dial 00 for an international call, then the country code, area code and the number. You have to dial 06 for a domestic call in Hungary if you are calling another area or a cell phone.

I want to make a phone call. **Telefonálni szeretnék.**

...to the US	**...Amerikába**
...to my friend	**...a barátomnak**
...to my relatives	**...a rokonaimnak**

Where is a phone book?
Hol van egy telefonkönyv?

Where is the payphone?
Hol van egy nyilvános telefon?

May I make a phone call from here?
Telefonálhatok innen?

Can you help me with this call?
Segítene telefonálni?

I want to call this number.
Ezt a számot akarom hívni.

The line is busy.
Foglalt a vonal.

There is no answer.
Nem veszik fel.

I want to pay for the call.
Ki szeretném fizetni a beszélgetést.

Useful Expressions

telephone	**telefon**
country code	**ország hívószám**
area code	**körzetszám**
local call	**helyi hívás**
long distance call	**távolsági hívás**
international call	**nemzetközi hívás**
overseas call	**tengerentúli hívás**
collect call	**R-beszélgetés (say ERR)**
extension	**mellék**

Post Office (Posta)

I want to mail this letter.
Ezt a levelet szeretném feladni.

I want a stamp to the US … **Kérek egy bélyeget az Egyesült Államokba …**

…by airmail	**…légipostával**
…for a letter	**…levélre**
…for a postcard	**…képeslapra**

Where is the mailbox?
Hol van a postaláda?

I want to send a fax.
Faxot szeretnék küldeni.

How much is it?
Mennyibe kerül?

Useful Words

local	**helyi**
non-local	**vidék**
letters	**levelek**
stamp	**bélyeg**
package	**csomag**
customs declaration	**vámárunyilatkozat**

Internet Access

I want to check my E-mail.
Meg akarom nézni az emailemet.

Where can I get Internet access?
Hol lehet internetezni?

Is there an Internet café nearby?
Van itt valahol Internet kávéház?

How much is it for … ?   **Mennyibe kerül … ?**

…an hour	**…egy óra**
…half an hour	**…félóra**
…ten minutes	**…tíz perc**
…one occasion	**…egy alkalom**

How does it work?
Hogy működik?

I can't manage, help me please.
Nem sikerül, segítene?

VIII. *Sightseeing*

You can usually find information in English in most places of interest. Tourist offices will have leaflets and brochures about the main sights called **nevezetességek,** as well as city maps.

Going on a Sightseeing Tour

You may wish to join an organized sightseeing tour. Hotels and tourist offices can give you information about current tours.

Where's the tourist office?
Hol van az utazási iroda?

What are the main places of interest here?
Mik a fő látnivalók itt?

We are here only for …	**Csak … vagyunk itt.**
…two days	**…két napig**
…the day	**…ma**
…a few hours	**…néhány óráig**
I would like to go on a sightseeing tour	**Városnéző útra szeretnék menni**
…by bus	**…autóbusszal**
…by car	**…autóval**
…by boat	**…sétahajóval**
…on foot	**…gyalog**
…with an English-speaking guide	**…angol nyelvű idegenvezetővel**
…with a private guide	**…külön idegenvezetővel**
…for a full day tour	**…egésznapos túrára**
…for a half day tour	**…félnapos túrára**

What time does the bus leave?
Mikor indul a busz?

What time does the bus arrive back?
Mikor érkezik vissza a busz?

Where does the bus leave from?
Honnan indul a busz?

Where does the boat leave from?
Honnan indul a sétahajó?

Where does the tour start?
Hol kezdődik a túra?

Where does the group meet?
Hol találkozik a csoport?

How much does the tour cost?
Mennyibe kerül a túra?

Is there a discount for students?
Van diákkedvezmény?

Here is my student ID.
Tessék, a diákigazolványom.

Is there a discount for senior citizens?
Van nyugdíjaskedvezmény?

Is lunch included?
Benne van az ebéd?

Are entrance fees included?
Benne vannak a belépőjegyek is?

Does this price include everything?
Ebben az árban minden benne van?

Do I have to pay extra for that?
Azért külön kell fizetni?

You didn't tell me that before.
Ezt az előbb nem mondta.

Admission

There are different fees for adults and children in most places, and many places also offer discounts for students and senior citizens, so it is worth asking.

Where is the ticket office?
Hol van a pénztár?

What time does it open?
Mikor nyit?

What time does it close?
Mikor zár?

Where can I get tickets?
Hol lehet jegyet venni?

How much is the entrance fee?
Mennyibe kerül a belépőjegy?

May I have two tickets, please?	**Két jegyet kérek.**
...ticket for an adult	**...felnőttjegy**
...ticket for a child	**...gyermekjegy**
...ticket for a student	**...diákjegy**
...ticket for a senior citizen	**...nyugdíjasjegy**

Entrance is free.
A belépés ingyenes.

Sightseeing

Is picture taking permitted?
Szabad fényképezni?

No cameras allowed.
Fényképezni tilos.

On the Tour

Where is the … ?
Hol van a/az … ?

Which is the … ?
Melyik a/az … ?

Is this the … ?   **Ez a/az … ?**

…art gallery	**…képzőművészeti galéria**
…botanical garden	**…botanikus kert**
…brook	**…patak**
…castle	**…vár**
…cathedral	**…székesegyház**
…Catholic church	**…katolikus templom**
…cave	**…barlang**
…cemetery	**…temető**
…chapel	**…kápolna**
…church	**…templom**
…city center	**…városközpont**
…concert hall	**…koncertterem**
…pier	**…móló**
…dog show	**…kutyakiállítás**
…Lutheran church	**…evangélikus templom**
…exhibition	**…kiállítás**
…fountain	**…szökőkút**
…amusement park	**…vidám park**
…Greek Catholic church	**…görögkatolikus templom**
…lake	**…tó**

...library	**...könyvtár**
...monument	**...emlékmű**
...mosque	**...mecset**
...museum	**...múzeum**
...Reformed church	**...református templom**
...river	**...folyó**
...ruins	**...rom**
...statue	**...szobor**
...synagogue	**...zsinagóga**
...theater	**...színház**
...tomb	**...síremlék**
...university	**...egyetem**
...zoo	**...állatkert**

Do you have any information in English?
Van angol nyelvű tájékoztató?

Do you sell postcards here?
Lehet itt képeslapot venni?

Do you sell souvenirs here?
Lehet itt ajándéktárgyakat venni?

Where is the souvenir store?
Hol van az ajándékbolt?

What's this building?
Mi ez az épület?

When was it built?
Mikor épült?

Who painted this picture?
Ki festette ezt a képet?

Where is the house where ... lived?
Hol van az a ház, ahol ... élt?

Is this the ... house?
Ez a ... ház?

IX. Health

I am not feeling well.
Rosszul érzem magam.

I am ill.
Beteg vagyok.

I want to see a doctor.
Orvoshoz akarok menni.

Call an ambulance, please.
Hívjon mentőt, kérem!

Call a doctor who speaks English.
Hívjon egy orvost, aki beszél angolul!

At the Doctor's

I am diabetic.
Cukorbeteg vagyok.

I have a heart condition.
Szívbeteg vagyok.

I have asthma.
Asztmás vagyok.

I am pregnant.
Terhes vagyok.

I have a fever.
Lázas vagyok.

I am having difficulty breathing.
Fulladok.

I feel dizzy.
Szédülök.

I have diarrhea.
Hasmenésem van.

It hurts me here.
Itt fáj.

I have a headache.
Fáj a fejem.

I have a sore throat.
Fáj a torkom.

I have an upset stomach.
Fáj a gyomrom.

I have a pain in my …	**Fáj a …** (*lit.* My … hurts.)
…shoulders	**…vállam**
…eyes	**…szemem**
…ears	**…fülem**
…neck	**…nyakam**
…back	**…hátam**

I have a cold.
Megfáztam.

Something bit me.
Megcsípett valami.

I sprained my ankle.
Megrándult a bokám.

I fell down.
Elestem.

I cut myself.
Megvágtam magam.

I broke my leg.
Eltört a lábam.

<u>THE DOCTOR MIGHT SAY:</u>

Mi a panasza?
What complaints do you have now?

Mutassa meg!
Show me.

Vetkőzzön le derékig!
Strip to the waist.

Sóhajtson!
Take a deep breath.

Nyissa ki a száját!
Open your mouth.

Parts of the Body (Testrészek)

back	**hát**
blood	**vér**
body	**test**
bone	**csont**
ears	**fül**
elbow	**könyök**
eyes	**szem**
face	**arc**
hand	**kéz**
head	**fej**
heart	**szív**
kidney	**vese**
knee	**térd**

leg	**láb**
liver	**máj**
lungs	**tüdő**
mouth	**száj**
neck	**nyak**
shoulder	**váll**
stomach	**gyomor**
throat	**torok**

At the Dentist

I have a toothache.
Fáj a fogam.

This tooth hurts …	**Ez a fogam fáj …**
…at the top	**…fent**
…at the bottom	**…lent**
…in the front	**…elöl**
…in the back	**…hátul**

Can you fix it temporarily?
Meg tudja csinálni ideiglenesen?

I don't want to have it extracted.
Nem akarom kihúzatni.

I have lost a filling.
Kiesett a tömésem.

I have broken my denture.
Eltört a műfogsorom.

Medication

I'll give you a prescription.
Felírok egy gyógyszert.

This is over-the-counter.
Ez recept nélküli.

Take this for five days.
Ezt tessék szedni öt napig!

Three pills two times a day. **Naponta kétszer három szemet.**

...one time	**...egyszer**
...three times	**...háromszor**
...on an empty stomach	**...éhgyomorra**
...before meals	**...evés előtt**
...after meals	**...evés után**
...during meals	**...evés közben**
...in the morning	**...reggel**
...at noon	**...délben**
...in the evening	**...este**
...before going to bed	**...lefekvés előtt**
...in one piece, without chewing	**...egészben, szétrágás nélkül**
...well chewed	**...jól szétrágva**
...put it under the tongue	**...nyelv alá betenni**

Medicines

antacid	**savközömbösítő**
antibiotics	**antibiotikum**
anti-diarrheal drug	**hasfogó**
antihypertensive	**vérnyomáscsökkentő**
anti-inflammatory	**gyulladásgátló**
antipyretic	**lázcsillapító**
antispasmodic	**görcsoldó**
contraceptive	**fogamzásgátló**
diuretic	**vízhajtó**
heart pills	**szívgyógyszer**
laxative	**hashajtó**
pain killer	**fájdalomcsillapító**
sleeping pill	**altató**

tranquilizer	**nyugtató**
vasodilator	**értágító**
vitamins	**vitaminok**

Vocabulary

anasthesia	**érzéstelenítés**
bandage	**kötszer**
blood type	**vércsoport**
hospital	**kórház**
nurse	**nővér**
outpatient clinic	**rendelő**
surgery	**műtét**
X-ray	**röntgen**

Useful Information

XI. Reference, Conversion Tables & Useful Information

Signs and Notices

Entrance	**Bejárat**
Exit	**Kijárat**
Pull	**Húzni**
Push	**Tolni**
Men's room	**Férfi WC**
Ladies' room	**Női WC**
Closed	**Zárva**
Open	**Nyitva**
Emergency exit	**Vészkijárat**
Reserved	**Foglalt**
Check out/Ticket office	**Pénztár**
Forbidden	**Tilos**
Non-smoking	**Nemdohányzó**
Smoking area	**Dohányzásra kijelölt hely**
To rent	**Kiadó**
For sale	**Eladó**
Cold	**Hideg**
Hot	**Meleg**
Sale	**Kiárusítás**
Clearance	**Végkiárusítás**

Warnings

Beware of the dog	**Vigyázat! Harapós kutya!**
Do not touch.	**Érintése tilos!**
No entry.	**Tilos a belépés.**
No parking (*lit.* Gate entrance)	**Kapubejárat**
No smoking.	**Tilos a dohányzás.**
No swimming.	**Fürödni tilos!**
Personnel only.	**Idegeneknek belépni tilos.**
Private property	**Magánterület**
WATCH OUT!	**VIGYÁZZ!**

Holidays (Ünnepnapok)

Christmas (two days)	**Karácsony**
Easter (two days)	**Húsvét**
Pentecost (two days)	**Pünkösd**
National holiday	**Nemzeti ünnep**
(1848-49 Revolution	**Március 15.**
and War of	
Independence)	
(1956 Revolution)	**Október 23.**
New Year's Eve	**Szilveszter**

Conversion Table for Common Metric Measurement Units

1 inch = 2 54 centimeters = 25.4 millimeters	1 millimeter = .03937 inch
	1 centimeter = .3937 inch
1 foot = 30.48 centimeters = .3048 meter	1 meter = 3.2808 feet =
1 yard = .914 meter	1.0936 yards = 39.37 inches
1 mile = 1.609 kilometers	1 kilometer = .621 mile
1 ounce = 28.3495 grams	1 gram = .035 ounce
1 pound = .4536 kilograms = 453.6 grams	1 kilogram = 2.205 pounds
1 ton = 907.18 kilograms = .907 metric ton	1 metric ton = 1.102 tons
1 ounce = 29.58 milliliters	1 milliliter = .0348 ounce
1 quart = .9464 liters	1 liter = 1.057 quarts
1 gallon = 3.785 liters	1 liter = .264 gallon

Fahrenheit-Celsius Conversion Table

°F	°C
0	-17.8
5	-15
10	-12.2
15	-19.4
20	-6.7

°F	°C
25	-3.8
30	-1.1
35	1.6
40	4.4
45	7.2
50	10
55	12.7
60	15.6
65	18.3
70	21.2
75	23.9
80	26.7
85	29.4
90	32.2
95	35
100	37.8
105	40.5
110	43.3
115	46.1
120	48.9

Speed Conversion Table

(mph)	(km/h)
25	40
35	60
45	70
55	90
65	110
75	120

Clothing Size Conversion Tables

US Children's	European
9	27
10	28
11	29
12	30
13	31
1	32
1½	33
2	34

US Men's	European
2½	34
3	34.5
3½	35
4	35.5
4½	36
5	37
5½	37.5
6	38
6½	38.5
7	39
7½	40
8	40.5
8½	41
9	41.5
9½	42
10	42.5
10½	43.5
11	44
11½	44.5
12	45
12½	46
13	46.5
13½	47.5
14	47.5

US Women's	European
3½	34.5
4	35
4½	35.5
5	36
5½	36.5
6	37.5
6½	38
7	38.5
7½	39
8	39.5
8½	40.5
9	41
9½	41.5
10	42
10½	42.5
11	43
11½	44
12	44.5
12½	45
13	45.5
13½	46.5
14	47

Shoe Size Conversion Table

WOMEN'S		MEN'S	
US	Europe	US	Europe
5	36	6	38
6	37	7	39½
7	38	8	41
8	39	9	42
9	40	10	43
10	41	11	44½
		12	46
		13	47

Cooking Conversion Table

To change	To	Multiply by
Ounces (oz.)	Grams (g)	28.35
Pounds (lb.)	Kilograms (kg)	0.45
Teaspoons (tsp.)	Milliliters (ml)	5
Tablespoon (tbl.)	Milliliters (ml)	15
Fluid ounces (oz.)	Milliliters (ml)	30
Cups	Liters (l)	0.24
Pints (pt.)	Liters (l)	0.47
Quarts (qt.)	Liters (l)	0.95
Gallons (gal.)	Liters (l)	3.8

Time Expressions

when?	**mikor?**
now	**most**
later	**később**
earlier	**korábban**
today	**ma**
yesterday	**tegnap**
tomorrow	**holnap**
not yet	**még nem**
not any more	**már nem**
still	**még mindig**
year	**év**
month	**hónap**
week	**hét**
day	**nap**
hour	**óra**
minute	**perc**

Useful Information

Days of the Week (A hét napjai)

Monday	**hétfő**
Tuesday	**kedd**
Wednesday	**szerda**
Thursday	**csütörtök**
Friday	**péntek**
Saturday	**szombat**
Sunday	**vasárnap**

Months (Hónapok)

January	**január**
February	**február**
March	**március**
April	**április**
May	**május**
June	**június**
July	**július**
August	**augusztus**
September	**szeptember**
October	**október**
November	**november**
December	**december**

Numbers (Számok)

0	**nulla**
1	**egy**
2	**kettő**
3	**három**
4	**négy**
5	**öt**
6	**hat**
7	**hét**
8	**nyolc**
9	**kilenc**

10	**tíz**
11	**tizenegy**
12	**tizenkettő**
13	**tizenhárom**
14	**tizennégy**
15	**tizenöt**
16	**tizenhat**
17	**tizenhét**
18	**tizennyolc**
19	**tizenkilenc**
20	**húsz**
30	**harminc**
40	**negyven**
50	**ötven**
60	**hatvan**
70	**hetven**
80	**nyolcvan**
90	**kilencven**
100	**száz**
500	**ötszáz**
1000	**ezer**
5000	**ötezer**

Ordinal Numbers (Sorszámok)

1st	**első**
2nd	**második**
3rd	**harmadik**
4th	**negyedik**
5th	**ötödik**

Useful Information

Basic Adjectives

good	**jó**
bad	**rossz**
small	**kis, kicsi**
big	**nagy**
cold	**hideg**
warm	**meleg**
cheap	**olcsó**
expensive	**drága**
long	**hosszú**
short	**rövid**
light	**világos**
dark	**sötét**
beautiful	**szép**
ugly	**csúnya**
slow	**lassú**
fast	**gyors**
simple	**egyszerű**
delicious	**finom**
little, few	**kevés**
a lot, much, many	**sok**
fewer	**kevesebb**
more	**több**

Bosnian-English/English-Bosnian Concise Dictionary
0-7818-0276-8 · $14.95pb

Bosnian-English/English-Bosnian
Dictionary & Phrasebook
0-7818-0596-1 · $12.95pb

Byelorussian-English/English-Byelorussian
Concise Dictionary
0-87052-114-4 · $9.95 pb

Chechen-English/English-Chechen
Dictionary & Phrasebook
0-7818-0446-9 · $11.95 pb

Croatian-English/English Croatian
Dictionary & Phrasebook
0-7818-0810-3 · $11.95 pb

Beginner's Croatian with 2 Audio CDs
978-0-7818-1232-0 · $29.95 pb

Czech-English/English-Czech Concise Dictionary
0-87052-981-1· $12.95 pb

Czech-English/English-Czech
Dictionary & Phrasebook
0-7818-0942-8· $11.95 pb

Czech Phrasebook
0-87052-967-6 · $9.95 pb

Beginner's Czech with 2 Audio CDs
0-7818-1156-2 · $26.95 pb

Estonian-English/English-Estonian
Concise Dictionary
0-87052-081-4 · $11.95 pb

Estonian-English/English-Estonian
Dictionary & Phrasebook
0-7818-0931-2 · $11.95 pb

Beginner's Georgian with 2 Audio CDs
978-0-7818-1230-6 · $29.95 pb

Beginner's Ladino with 2 Audio CDs
0-7818-1225-9 · $29.95pb

Latvian-English/English-Latvian
Practical Dictionary
0-7818-0059-5 · $16.95 pb

Beginner's Lithuanian
0-7818-0678-X · $19.95 pb

Lithuanian-English/English-Lithuanian
Concise Dictionary
0-7818-0151-6 · $14.95 pb

Lithuanian-English/English-Lithuanian
Dictionary & Phrasebook
0-7818-1009-4 · $13.95 pb

Polish-English/English-Polish Practical Dictionary
0-7818-0085-4 · $19.95 pb

Beginner's Polish with 2 Audio CDs
0-7818-1100-7 · $21.95 pb

Beginner's Polish (*book only*)
0-7818-0299-7 · $9.95 pb

Mastering Polish with 2 Audio CDs
0-7818-1065-5 · $24.95 pb

Romanian-English/English-Romanian
Standard Dictionary
0-7818-0444-2 · $17.95 pb

Russian-English/English-Russian Concise Dictionary
0-7818-0132-X · $12.95 pb

Russian-English/English-Russian
Dictionary & Phrasebook
0-7818-0921-5 · $12.95 pb

Russian-English/English-Russian
Pocket Legal Dictionary
978-0-7818-1222-1· $19.95 pb

Hippocrene Children's Illustrated Russian
Dictionary
978-0-7818-0892-7 · $14.95pb

Beginner's Serbian with 2 Audio CDs
978-0-7818-1231-3· $29.95 pb

Serbian-English/English-Serbian
Dictionary & Phrasebook, *Romanized*
0-7818-1049-3 · $11.95 pb

Beginner's Serbo-Croatian
0-7818-0845-6 · $14.95 pb

**Serbo-Croatian-English/English-Serbo-Croatian
Practical Dictionary**
0-7818-0445-0 · $16.95 pb

Slovak-English/English-Slovak Concise Dictionary
0-87052-115-2 · $12.95 pb

**Slovak-English/English-Slovak
Dictionary & Phrasebook**
0-7818-0663-1 · $13.95 pb

Beginner's Slovak
978-0-7818-0815-6 · $14.95 pb

**Slovene-English/English-Slovene
Dictionary & Phrasebook**
0-7818-1047-7 · $14.95 pb

Slovene-English/English-Slovene Modern Dictionary
0-7818-0252-0 · $24.95 pb

**Ukrainian-English/English-Ukrainian
Practical Dictionary**
Revised Edition with Menu Terms
0-7818-0306-3 · $19.95 pb

**Ukrainian-English/English-Ukrainian
Dictionary & Phrasebook**
0-7818-0188-5 · $12.95 pb

Eastern European Cookbooks ...

The Belarusian Cookbook
978-0-7818-1209-2 · $24.95

The Best of Croatian Cooking, Expanded Edition
978-0-7818-1203-0 · $16.95

The Best of Czech Cooking, Expanded Edition
978-0-7818-1210-8 · $16.95pb

The Art of Lithuanian Cooking
978-0-7818-0899-6 · $12.95

The Best of Russian Cooking
978-0-7818-0131-7 · $16.95

Prices subject to change without prior notice. **To purchase
Hippocrene Books** contact your local bookstore, visit
www.hippocrenebooks.com, call (718) 454-2366, or write to:
HIPPOCRENE BOOKS, 171 Madison Avenue, New York, NY
10016.